区域经济协调发展与合作路径研究

于丹　王一雯·著

吉林出版集团股份有限公司
全国百佳图书出版单位

图书在版编目（CIP）数据

区域经济协调发展与合作路径研究 / 于丹, 王一雯
著. -- 长春 : 吉林出版集团股份有限公司, 2022.7
ISBN 978-7-5731-1789-2

Ⅰ. ①区… Ⅱ. ①于… ②王… Ⅲ. ①区域经济发展
—协调发展—研究—中国 Ⅳ. ①F127

中国版本图书馆CIP数据核字(2022)第138679号

区域经济协调发展与合作路径研究

QUYUJINGJI XIETIAO FAZHAN YU HEZUO LUJING YANJIU

著 者	于 丹 王一雯
出 版 人	吴 强
责任编辑	尤 蕾
助理编辑	杨 帆
装帧设计	谭婷内
开 本	710 mm × 1000 mm 1/16
印 张	12.5
字 数	200千字
版 次	2022年7月第1版
印 次	2022年7月第1次印刷
出 版	吉林出版集团股份有限公司
发 行	吉林音像出版社有限责任公司
	（吉林省长春市南关区福祉大路5788号）
电 话	0431-81629667
印 刷	北京虎彩印艺股份有限公司

ISBN 978-7-5731-1789-2 定 价 58.00元

目　录

第一章　区域经济协调发展的理论依据 ……………………………………… 1

　　第一节　区域与区域经济系统 …………………………………………… 1

　　第二节　区域经济均衡与非均衡发展理论 …………………………… 19

　　第三节　区域产业结构与经济可持续发展理论 …………………… 24

　　第四节　区域协调发展及其内容与特征 …………………………… 39

第二章　区域经济管理与协调发展的深化 …………………………… 45

　　第一节　区域经济管理的模式与方法 …………………………… 45

　　第二节　区域经济管理的组织与机制 …………………………… 59

　　第三节　区域经济协调发展的政策趋势 …………………………… 68

　　第四节　区域协调发展战略的成效与深化 ……………………… 70

第三章　区域经济非均衡发展要素与方法实施 …………………… 72

　　第一节　要素禀赋与区域经济非均衡发展 ……………………… 72

　　第二节　后天累积性要素与区域经济非均衡发展 …………… 84

　　第三节　区域非均衡到经济协调发展方法的实施 …………… 92

第四章　区域经济协调发展的创新思路 …………………………… 94

　　第一节　区域经济中城市协调发展的创新 ……………………… 94

　　第二节　交易效率提高实现区域经济协调发展 ……………… 100

第三节　科技转型创新推动区域经济协调发展 ·················· 102

第四节　新兴产业促进区域经济协调发展机制 ·················· 105

第五节　区域经济协调发展的创新对策分析 ·················· 113

第五章　区域经济多维度合作及其发展格局 ·················· 119

第一节　区域经济合作与推进形式 ·················· 119

第二节　区域产业合作与管理模式 ·················· 128

第三节　区域投资合作及其新趋势 ·················· 143

第四节　区域经济合作的发展新格局 ·················· 146

第六章　区域经济合作的国际化战略与途径 ·················· 149

第一节　区域经济合作的包容性发展 ·················· 149

第二节　国际区域经济的一体化转型 ·················· 160

第三节　区域经济合作的国际战略选择 ·················· 169

第四节　区域经济合作的国际化路径实践 ·················· 180

结束语 ·················· 192

参考文献 ·················· 193

第一章　区域经济协调发展的理论依据

第一节　区域与区域经济系统

一、区域及其类型划分

（一）区域的界定及其特征

1. 区域的界定

区域经济理论是研究对区域的界定以及划分的问题，但是目前有关区域的解释没有严格说明，往往要根据研究的目的和研究问题的性质来确定区域的研究对象和范围。从严格意义上讲，区域应该是一个完整的地区，在经济上以及某些特殊方面应尽可能完整存在。换言之，区域是能够在国民经济分工体系中承担一定功能的经济区概念。

区域定义之所以难以界定，原因有两点：一是根据研究目的，区域的大小可以在相当大的范围内变动；二是区域的邻接性问题，即在把国家划分成区域时，不能出现"飞地"。一般而言，对区域的理解是地球表面一定的空间范围，这一范围的划分有参考依据，那就是研究的目的以及原则性。另外，区域的结构是相对完整的，其功能结构也是一个有机整体。有关区域的定义主要如下：

第一，区域具有现实和抽象两重概念，这就是区域典型的两重性特点。一般而言，地球表面上某一固定范围的空间就是我们常说的区域。这时它是具体的，是客观存在的，可以大到任一具体的空间范围，也可以小至社区街道、乡村小路等。而在具体的理论研究中，区域又被看成观念上比较抽象的空间概念，这时的区域设定没有边界之分，没有特定范围，更没有具体方位。一般而言，在有关区域的经济学文献中，"空间"和"区域"两个词可以互换，两者的概念也可以混用，没有太大差别。

第二，区域的五要素是边界、结构、规模、内聚力和功能。区域的形成以及发展需要内聚力作为支撑，内聚力的存在确定了区域的结构以及区域的功能，而区域的内部结构与功能决定其规模和边界。区域间每个组成部分也正是因为内聚力的存在而形成一种更加紧密、依存的关系，从而产生相同的区域意识和区域利益。

第三，区域的客观与动态两重性特征非常明显：一方面，从对区域的研究目的来说，区域是客观存在的一种现象，并且可以研究其规律性；另一方面，区域的内聚力不断变化，区域随着经济的发展变化而不断变化，随之而来的是区域的功能、结构以及边界、规模也发生改变。受区域类型不同的影响，对区域边界的界定有时是明确的，有时是互相融合的。但是也存在"飞地"现象，这种现象是指在经济不发达地区，两个区域间会短暂出现空隙地带。

第四，区域在等级上也有大小之分。等级不同，区域的规模大小也有很大区别。从规模的大小进行划分，可以将国内的区域大致分为以下六种：地带级区域、大区级区域、省区级区域、市级区域、县级区域和乡镇级区域。虽然区域范围也有大小之分，但最小的区域单位必须是单元区规模。

2. 区域的特征

通常情况下，区域具有如下特征：

第一，其实区域的空间是和人类的活动紧密相连的，最终，人类的物质生产和非物质生产以及人类的经济活动都会与区域的空间范围紧密相连。地域的空间性会与该地域里面的资源、人口特征以及环境相连，最后形成特定区域。

第二，区域具有同一性特征，这也是区域具有整体性的原因。地表区域的各个组成部门彼此之间都有联系，这种联系会随着发展而互相融合渗透，从而形成一个统一的整体。区域整体性这一特点在经济上的表现是具有相对独立的生存发展，并且其人口结构、城镇体系、经济结构和文化结构也比较完整。

第三，区域的等级差异性特征。就目前中国社会发展的区域而言，多数学者主张将其划分为三个层面：第一层面是依据社会经济发展的状况，将中国划分为东部、中部和西部；第二层面是按照区域内各部分地理位置上的相邻性、经济合作上的密切性、社会发展上的相似性等标准，将中国划分为东北、华北、华南、华东、华中、西南、西北七大区域；第三层面是根据管理上的需要，按照国家省级行政区划标准，将中国划分成省（自治区、直辖市、特别行政区）、市、县、乡镇，这些行政区域是中国区域社会的中坚力量。

第四，区域的可变性特征，也就是区域的模糊性这一特点，模糊性指的是边界的模糊性。前面提到区域的边界模糊，有时会存在两个地域间相互交融的现象，有时还会出现"飞地"状况，这些都是区域界线模糊性的表现。当然，中心区域的划分是清晰且完整的，边界模糊的状况更多出现在区域边缘。人们对区域的研究目的和性质不同，这就使区域具有了可变性。对区域的划分角度不同、指标不同，得到的具体划分方案也就不同。

（二）区域的类型划分

区域的类型划分如图 1-1 所示。

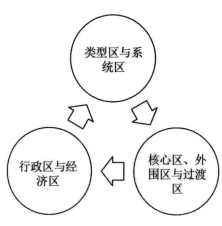

图 1-1　区域的类型划分

1. 类型区与系统区

（1）类型区。类型区是依靠自然或者经济的标识来进行划分的，这种划分标准需要通过提炼和归纳，归属于同质区域。类型区划分是根据区域间既有相同点，又有不同之处，从而进行的静态排列，这种划分在区域研究中有很重要的地位。类型区具有自然景观和经济景观的差异性，这种差异性就是非常重要的类型区研究对象。但是对于类型区的研究，人们往往认为经济性的标识更重要，从而将自然标识作为经济的附属物，其实并非如此。

（2）系统区。系统区是相对于类型区而言的，对它的研究侧重区域间的位置关系以及区域间相互作用的关系。系统区的划分不要求区域间的自然和经济相统一，而侧重两者间的关系，它的划分就是将位置相近的区域联系在一起。在对系统区研究的过程中，先研究整体，再研究局部。

2. 行政区与经济区

（1）行政区。国家从管理角度对区域进行划分，这时的区域是国家的行政单元。国家会根据实际需要进行行政区的划分，然后形成相对应的行政体系。而体系中的每一部分都是一个区域。行政区包含地理区和经济区的双重特点，是一种管理区域，并且会涉及国家的历史、政治、经济、文化、民族、国防等多重因素。经济区和行政区的区别是行政区是由固定的政府部门对其进行管理；而行政区的经济在市场经济条件完善的情况下是不存在的，这就出现了"区域经济"的说法。

（2）经济区。从经济学角度而言，区域有完善的运行机制和匹配完整的经济结构，属于国家经济体系中一个完整的经济单元，也可以称为经济地区。目前，区域经济的一个重要特征是经济单元和行政单元在地域单元的划分上是一致的。市场经济的发展离不开区域经济，这就需要有相应的法律法规为区域经济的发展做保障，这样会有更公平的市场秩序，也会造成一种良性竞争，这也是各级政府在经济区域管理方面需要重视的一点。

3. 核心区、外围区与过渡区

（1）核心区。国家发展速度最快的区域被称为核心区。核心区能够体现一个国家的政治、经济、文化以及对外贸易的水平，这里会有较大部分的科技力量和重要的工业企业。核心区会聚集在大城市，这些区域会加大力度集中发展，进而对周边区域产生影响，甚至会阻滞相对落后区域的发展。

（2）外围区。外围区是相对于核心区来讲的，这里主要是指以资源产业为中心的广大西部地区。这些区域的自身力量不足，不能为其经济等提供良好的发展，其会得到先进技术的支持和资金的投入。外围区较差的基础设施和投资环境决定了它的发展比较困难，尤其前期发展，投资效率比较低。由此可见，要想促进外围区的发展，首要任务就是建设基础设施，改善周边的发展环境。

（3）过渡区。过渡区是介于核心区和外围区中间的区域，它可以分为三类：第一，以农业发展为主体的地区，这里的经济相对来说有一定基础；第二，体制改革速度慢，技术的发展也受限，与此同时，还因为资源枯竭等问题而出现人口大量流失、生产停滞、失业严重、基础设施和市政设施落后、人均收入增长缓慢等地区；第三，一些拥有丰富的原材料和能源，依靠自身资源发展需要得到大量投资，以此促进经济、社会等各方面发展的地区。

二、区域经济与经济区域

（一）区域经济的内涵

区域经济通常是指某一特定经济区域内部的社会经济活动和社会经济关系或联系的总和，它是一种以某种经济活动或以特定的经济极点（城市）为中心的、具有宏观经济意义的地域性综合经济体系，是经济区域的实体性内容。在行政区划概念中，区域经济是以政府的行政辖区范围界定的一个经济圈，诸如县（市）域经济、市（地）域经济，乃至省域经济。

在市场资源配置概念上，区域经济是以资源替换的作用范围界定的一个经济圈，诸如泛珠三角经济区、泛长三角经济区、环渤海湾经济区，乃至世界范围的亚太经济区、东欧经济区、西欧经济区等，本书所讲的区域经济，即行政区划概念上的区域经济。①

（二）经济区域的本质与类型

1. 经济区域的本质

（1）经济区域的代表性观点：关于经济区域有以下三种代表性观点。

第一，所谓区域，应该是国家的一个特殊的经济上尽可能完整的地区。这种地区由于自然特点、以往的文化积累和居民及其生产活动能力的结合而成为国民经济总链条中的一个环节。这是最早从经济学角度对区域概念的界定，一直沿用至今。

第二，最有用的区域分类，也就是那些遵循行政管理范围的边界划分而形成的区域。因此，区域是基于描述、分析、管理计划或制定政策并作为一个应用性整体加以考虑的地区。它既可以根据内部的均质性进行划分，也可以看作一个结节区，它有一个专业化的城市中心来满足全区的需要。这是按照内部同质性或功能一体化原则进行划分的。

第三，区域是有内聚力的地区。它是通过选择与特定问题相关的特征并排除不相关的特征而制定的，即区域包含的地区具有同质性，经济上有密切的相关性、协调运转的整体性、相互交叉的渗透性。这种定义强调了区域内事物同质性的一面，是比较狭义的说法。

（2）经济区域的概念界定。经济区域是指便于组织、计划、协调、控制经济活动而以整体加以考虑的，并在考虑行政区划的基础上划分一定的空间范围。它具有组织区内经济活动和区外经济联系的能力，常由一个以高级循环占重要比重的中心城市、一定数量的中小城镇以及广大乡村地区所组成。"高级循环"是指由金融业、贸易和服务业、信息产业、现代化工业、商业批发业等组成的循环系统。如果缺乏这种高级循环系统，则无法组织区内的经济活动，也无法组织区际的经济联系，那么区域便不能独立地生存和发展。一般地，这种高级循环系统

---

① 茶洪旺，李健美. 区域经济管理概论 [M]. 北京：中国人民大学出版社，2006.

主要集中在较高等级的中心城市。①

2.　经济区域的类型

（1）经济区域的一般类型。常见的经济区域划分方案有以下两种：

第一，依据属性进行划分。依据不同属性，将经济区域分为五类：①聚类经济区，属于均质区，是指在经济发展水平、速度、方向、经济结构或产业优势等方面相似的经济区。②协作经济区，是根据各地经济发展条件、经济联系而组织起来的地域单元，是区域经济横向联合的重要形式。③城市经济区，又称为城市经济圈，是以城市为核心、以经济腹地为外围而结成的区域。既可以形成单极中心，又可以形成多极中心。④自然经济区，是指自然区的界线与经济区的界线基本一致，两者基本重叠的区域。⑤行政经济区，是指经济区与行政区的界线完全一致，兼备行政区与经济区两种功能的区域。我国的县级行政区具有长期稳定的界线，内部经济结构紧密，形成一个有机整体，可视为基层的行政经济区。

第二，依据衡量指标与表述内容进行划分。依据衡量指标和表述内容，将经济区域分为四类：①经济地带，属于内部具有同质性的经济区域。如我国的东部、中部、西部三大地带，日本的表日本和里日本，美国的东部大西洋沿岸、中部大平原、落基山脉和西部太平洋沿岸等，这些都是比较典型的经济地带。地形、气候等自然条件以及在自然条件下所产生的居民集团的差别都可作为划分经济地带的依据。②大经济区，是由异质的并且在功能上联系密切的核心和边缘所共同组成的、内部具有很强聚集性的经济区域。这种经济区域在发达国家的发展程度很高，如在日本，围绕京滨和阪神形成了两个大都市经济区；我国沪宁杭都市区亦是此种类型。③功能性经济区，是指在经济地带或大经济区内具有相同职能的经济区域。④行政经济区，是指随地方政府经济管理行为的增强而形成的经济区域，通常在实行中央计划经济体制的国家中较为典型。由于行政区的划分原则与经济活动的地域分异规律之间没有必然的联系，因此这些在行政区基础上形成的经济区域与客观存在的经济地带和经济区在地域空间上并不一致。

（2）我国经济区域划分的演变过程。中华人民共和国成立以来，我国的经

---

① 郝寿义，安虎森. 区域经济学［M］. 北京：经济科学出版社，2015.

济区域划分在不同时期为适应不同的需要而采用了不同的标准，形成了复杂的演变过程。概括起来主要有：①沿海、内地与边疆；②大行政区和经济协作区；③一线、二线和三线地区；④东部、中部和西部地带；⑤经济特区和经济技术开发区；⑥计划单列城市和地区。

以行政区域作为分析对象是现实且可行的，因为在几十年的传统经济体制催化下，我国的行政区域已具备经济区域的特性，这主要表现为现有的行政区域已经形成较为清晰的区域共同利益。

三、系统与区域经济系统

（一）系统及其科学特性

1. 系统与系统科学

从某种层面上讲，区域是以系统的形式而存在的。应该将系统科学的研究理论以及方法应用到对区域发展规律的研究上来，积极探索区域的可持续发展新思路。

（1）系统、要素与子系统。"系统"来源于古希腊语，其本意是事物内部存在共同特点的部分以及各事物本应该所在的地方，表达的是整体事物是由各个部分事物组成的概念。虽然系统概念的描述多种多样，但是其主旨含义是一致的，都是从三个方面描述了系统本身具有的根本属性，具体如下：

第一，系统的基本组成部分必须大于或等于两个。这些组成要素既是整个系统赖以存在的基本组成单位，也是系统存在的直接承载者，系统的存在离不开内部各种要素。各种要素按照特定规则稳定而有序地运行，组成了系统这个整体。不同要素在系统这个整体内部扮演着不同角色，发挥着各自的作用，共同维持着系统的稳定和发展。

第二，系统内部各组成成分之间、各组成成分与系统整体之间甚至系统整体与环境之间都是紧密相关的，通过这些复杂的关系，使系统的内、外两部分形成一个统一的整体，以稳定的结构和特定的秩序维持着系统的正常运行。

第三，每个系统都具有特殊作用，换言之，具备不同作用的各组成成分相互结合，形成有机整体后，产生了与各组成成分作用不同的新功能，该新增功能的产生依赖整体的内部联系和特殊结构，一旦这种联系或者结构受到破坏，其功能也会随之消失。

系统与要素之间是相对的。因为系统是由要素构成的，而这种系统又参与组建了更高级的系统，这样，低级的系统就成为高级系统的组成元素，作为元素存在的低级系统被称作高级系统的子系统。

（2）系统与环境。系统外部的所有事物被统称为环境，主要以物质、能量、信息等形式存在，也可以说，环境就是系统之外的全部事物。每个系统的正常运行都离不开特定的环境基础，环境本身就是一个非常高级的综合系统。系统的边界被看作其同环境之间的界限，环境通过边界给系统带来的影响叫作扰动。

系统和环境之间的关系是彼此依赖共存的，系统同环境之间存在无法避免的各种形式的交流，两者互相影响，由此演变出输入和输出的观念。环境向系统进行输入，然后经过系统处理和交换后，再反向输出到环境之中。系统的各个要素执行着系统的输入、输出以及处理行为。系统、环境两者之间以输入、输出的方式对对方施加影响，也可以看作两者之间存在物质、能量以及信息等多种形式的交换，这种与环境存在交换的系统就是开放系统（opened system）；反之，就是封闭系统（closed system）。在自然环境和人类社会中，所有系统都会受到所处环境的影响，只是受到影响的程度有所区别，由此可见，其全部是开放性系统。

系统受外部环境的制约，当外部环境发生变化时，系统自身也会受到影响，适应周遭环境的改变是环境对系统提出的必然要求。理想状态的系统是能够时刻与环境条件相互协调的，不能与环境变化相适应的系统是不可能长久存在的。

系统发展必须做到与外部环境相协调，这就要求系统必须注重内部各组成要素时刻处于协调状态，还要充分协调系统与外部环境之间的关系，唯有实现系统内外关系的协调统一，方可最大限度发挥出系统的全部既定功能，才能够确保整个系统合理健康发展。

（3）系统的结构及其功能。系统的结构和功能是系统科学的基本范畴，两者不能分开，所谓系统科学，指的是以结构和功能的观点看待世界、研究世界。系统的结构指的是系统内部不同组成部分之间存在的彼此关联、彼此作用的机制,也就是不同组成部分在空间或者时间上的排列组合规律。结构是确保系统作为整体形式存在和实现系统特殊功能的内部基础。与之相对应的是系统功能,是指系统本身与环境共同作用,并对这种作用做出及时正确的反应的基本能力。系统的功能是系统本身与环境两者之间各种形式的输入输出进行转换处理的基本体现。

功能实际上是一种外在表现,表达的是系统内部的能力,系统的功能实际上是由系统的结构所决定的,即系统结构决定系统功能,系统结构一旦发生变化,必将影响系统的整体性,也一定会导致系统功能发生变化。结构与功能之间不是一对一的对应关系,与系统结构相比,系统功能是相对独立的,并且系统功能对系统结构同样具有非常重要的影响。系统功能受到外部环境的制约,在适应外部环境过程中,难免会同系统的内部结构产生矛盾,这类异常情况会持续较长时间。为保证系统的整体性,系统结构就会做出改变,以达到适应环境的目的。

2. 系统科学的特性

(1)整体性。系统科学不同于传统科学的显著特点之一就在于它对系统整体特性的强调,它把研究对象看成一个整体系统,这个整体系统又是由若干部分(要素与子系统)有机组合而成的。其核心思想在于:一个系统作为整体,具有其要素所不具有的性质和功能;整体的性质和功能不等同其各要素性质和功能的叠加;整体的运动特征只有在比其要素所处的更高层次上才能描述清楚;整体与要素遵从不同描述层次上的规律。

(2)联系性。系统的整体性是系统诸要素相互联系形成的,系统的联系是多样的。系统内部强有力的联系使系统整体保持了质的规定性;系统的外部联系使系统与环境之间形成输入与输出的关系。

(3)有序性。各要素之间通过联系形成系统整体,要素之间的联系是按照等级和层次进行的,必然产生时间和空间上的组合方式和排列顺序,所以系统都是有序的。系统的有序性是系统有机联系的反映。

(4)动态性。系统内部各组成部分之间,以及系统本身与外部环境之间的关系从来都不是一成不变的,这种相关性是时时变化的。系统的动态性原理在系统工程方面展现得淋漓尽致。这是因为大多数系统工程规模庞大,过程非常复杂，系统内部各组成要素之间的相互作用复杂多变，同时外部环境也时刻处于变化中，多种因素共同作用，造成了系统工程的动态特点。在施工过程中，一定要以动态发展的眼光看待工程施工问题，对系统内部各组成要素和外部环境的变化保持高度警惕，正确认识这些转变的性质、方向、趋势、程度以及转变速度。针对这些变化，及时采取有效手段，对施工方案和计划做出正确调整，对工作方法做出改进，在变化中实现系统的不断优化升级。

（5）调控性。负反馈控制是系统稳定性的机制，正反馈控制是系统适应性的机制。各系统之间的协同是系统从无序向有序的根本原因，而子系统之间的协同也需要进行协调控制。任何稳定有序的系统都具有调控性，以及自我调节、自我控制的能力。

（6）最优化。研究系统科学的最终目标是实现系统整体功能的最优化。系统科学最本质的特征就是系统的整体性，这就要求系统科学不能仅仅追求系统某个组成元素达到最佳状态，而应该追求的是将系统内部所有组成元素相互协调统一起来，最终使系统的整体性作用得到最大限度的发挥。

（7）模型化。对区域系统进行分析，不仅要揭示系统的结构和功能特征，也要描述清楚系统内部各组成部分之间的相互依存关系，以及时间、空间上的联系，尽可能把握系统与环境之间的相互作用方式和强度，即要对系统及其环境进行定性、定量综合研究，并用规范的语言、尽量简化的形式描述研究过程和研究结果。模型化是对区域进行深入研究的必需过程。模型，特别是数学模型，是区域系统分析必不可少的工具。

系统科学的特性还有很多，上述七个特性是最基本的，其中整体性特性是基础，把握了整体性特性，就把握了系统科学的实质。

（二）区域经济系统及其运行规律

任何区域都不是独立存在的，而是由自然环境系统与社会经济系统共同作用、彼此制约、相互协调组成的复杂性综合系统，也就是自然—社会—经济系统。作为规模庞大的开放性系统，自然—社会—经济系统内部拥有完善的结构，是一个真实存在于立体空间内、随着时间而不断发展变化的动态系统，这个庞大系统是由大量子系统相互结合，以一定结构组成的，这些子系统主要包括人口、环境、资源以及产业等。系统内外诸多因素限制着自然—社会—经济系统的变化，这些变化具备一定的特点和规律，即相对稳定和阶段性交替出现。

1. 区域经济系统的构成

区域经济不仅是一个抽象名词，而且是一种经济实体。每个区域经济实体都是由区域内的各行各业等共同组成的具有地理区域性的经济单元。经济区域内部的所有产业互相关联，彼此约束，相互协调，共同为区域内经济发展提供充足的动力。以系统科学的思维方式探索区域经济的发展，最主要的是要研究区域内部的产业构成以及地域构成。

（1）产业构成。在研究区域产业组成的过程中发现，早期的计划经济时代将工业和农业的发展当作经济工作的首要任务，之后才是农业、工业、建筑业、交通运输业和商贸业五大物质生产部门。但是市场经济强调的是第一产业、第二产业、第三产业的协调发展。农业、工业、交通运输业以及其他第三产业在区域经济中扮演着不同角色，承担着不同任务，发挥着各自的特殊作用，具体如下：

农业是区域经济系统的基础产业，养育着整个区域内的全部人口，为人们提供赖以生存的物质基础，部分农产品又能够成为工业建设的原材料，大量工业制品流入农业市场。区域内各个行业的发展都与农业紧密相连，现代工业的发展经常以发达的农业为基础，即使部分地区工业起步较早，农业生产水平也会紧跟工业的发展步伐，获得快速发展，达到匹配当地工业水平的程度。在工业生产高度发达的今天，工业不断反哺农业，武装农业，农业生产的现代化水平不断提高。与计划经济时代相比，农业的地位有所下降，但是农业涉及的范围呈现出持续扩大的趋势，农业对区域经济的形成和发展产生的作用非常重要。一般而言，农业主要通过两方面对区域经济发展做出贡献：一是为经济区域提供农副产品以及轻工业食品；二是针对经济区域外的需要，开展订单式专业化生产活动。

工业作为整个工业世界最重要的产业部门，构成了经济区域物质和骨架的基本主体。工业是实现资本原始积累最重要的途径，是进行生产资料制造的唯一主体，也是基本生活资料的重要生产者之一。另外，工业是农业、交通运输业、商贸业、建筑业等行业设备的制造者和供给者。从这个意义上看，现代工业是经济领域的支柱性产业，没有现代工业，经济区域便难以形成。现代工业达到一定水平，工业体系内部各部门之间的分工逐渐完善，地域专业化工业初步形成之后，经济区域开始形成。

现代化的工业体系是一个非常繁杂的经济系统，拥有众多组成部门，在发展过程中，很难实现所有部门同步发展，在充分了解各区域实际情况的基础上，为了能够最大限度利用各自的有利条件，通常会优先发展少数重点产业，打造一部分重点产品，利用自身优势产品打通外部环节，实现与区域外部的相互交换。优先发展工业，实现工业现代化，最终通过现代化工业来反哺其他产业，达到促进城市发展的目的。通常情况下，工业是每个经济区域的重要专业化部门，这充分体现出了工业对于经济区域发展不可替代的作用。在现代社会中，大部分城市的现代化建立在工业现代化的基础之上，一般情况下，工业体系内部的主要专业化部门代表着所在城市专业化的主要发展方向。

交通运输业在现代经济社会发展中起着重要作用。交通运输业的不断发展，将部门分工以及地域分工变为现实，为地域之间的经济相互联系筑起了坚实桥梁。在经济区域范围内，以中心城市为中心，将经济系统内部的各个部门相互结合，共同组建成一个整体，其中交通运输业起到了黏合剂的作用；交通运输业既能够把不同的经济区域分割开来独自发展，又能够将不同的经济区域联结起来共同进步。交通运输业的建设水平直接关系着区域内部农业、工业以及城镇建设的发展水平。通常情况下，一个区域内的经济发展水平越高，其交通运输业也就越发达；相反，经济欠发达地区的交通运输业发展水平相对较低。交通运输业通过不同的方式实现了不同空间、不同产业、不同区域之间的相互联系。交通运输业是经济区域的网络及命脉。

交通运输业之外的其他第三产业（主要指服务型产业）服务其他产业以及人民的物质文化生活等方面的需求，也是经济区域发展必不可少的关键部分。第三产业对经济区域的形成和发展有着非常重要的作用，主要体现在以下四个方面：第一，促进经济区域内部主要内容不断完善；第二，有助于帮助实现区域内各个组成要素和谐发展；第三，有助于经济区域内部建立科学的产业结构；第四，能够提高经济区域的发展速度。其中，商业发展的根本宗旨是繁荣经济、确保供给、加速商品流通，立足市场发展的实际需求，生产能够满足市场需求、具备市场价值的畅销商品，从而满足人民群众日益增长的物质文化需求；邮电通信产业的主要作用是保障经济生活中各种信息的交流和传递，减少时空距离带来的不便，提高单位时间的生产效率，通过及时有效的信息交流，将社会生产、交换、分配以及消费紧密联系在一起，以满足经济发展和人民生活对信息传递的各种需求；城镇以及村落建设为区域经济的发展提供了广阔空间，也为各种经济活动提供了场地，建设城镇和乡村是经济区域的发展核心，有助于城市和乡村的紧密联结；教育是关系国家发展的根本大计，为经济发展持续不断地输送各种人才和劳动储备力量。科技是各行各业先进技术的根本来源；卫生行业保证人们享受到完善的医疗保健服务；各级政府机关负责对经济社会进行科学管理，保证各项经济活动平稳有序进行。经济区域内的第三产业大部分集中在城市范围内，以设立服务站点的方式服务社会各界。第三产业和区域内的工农业以及建筑业是相互制约、相互促进的关系。

（2）地域构成。区域经济系统的地域组成方式有两种：第一种是中心城市—城镇—农村模式；第二种是中心城市—近郊—远郊—农村模式。这两种模式之间可以相互组合，形成更加复杂但有层次的新模式。

城市担负着区域内经济活动的组织、集散以及传输等重要任务，是整个经济区域的核心部分。从一定程度来说，城市本身就是一个经济区域，城市内部拥有大部分工业、交通运输业以及其他第三产业的重点部门，但是郊区农业又是城市发展不可或缺的。区域内中心城市的发达程度和主要专业化部门能够较大程度地代表该区域的生产力水平以及主要专业化方向。城市在经济区域的产生和发展进程中有着非常重要的作用，是区域经济的核心。城市是真实存在于经济区域内部的一种经济实体，在地域上呈点状分布，而农村与农业在地域上呈分散分布。在前经济形势下，农业的现代化水平不断提高，农村经济建设越来越快，城市和农村之间的差距必然会持续缩小，但是，中心城市对于经济区域的核心作用永远不可替代。

2. 区域经济系统的功能

功能指的是系统与外部环境相互影响的能力。以系统论的观点来分析，系统的结构指的是系统内部各部门之间的彼此联系以及彼此影响的方式，属于系统内部结构；而系统的功能指的是系统同外部环境之间相互影响、彼此作用的能力，是系统结构的外在体现。区域经济系统的结构和功能紧密相关，不能割裂开来，结构与功能是一一对应的，结构决定功能。

通常所说的经济发达地区、经济欠发达地区、经济不发达地区的划分，以及生态环境恶化地区、生态环境脆弱地区、生态环境良性循环地区的划分等都是从系统功能的角度出发，对不同功能地区进行的划分。

区域经济系统的功能取决于其结构，功能能够反向影响系统结构。上海的发展过程完美地体现出了系统结构决定系统功能。上海本身的技术经济非常发达，不同产业、不同部门之间日积月累建立了稳定的物质交流和技术合作关系，这些优越条件为上海提供了强大的加工和进出口能力，以及引进外资和先进技术的能力；与之相反，深圳则更多地体现出了功能对结构的反作用。党中央先给予深圳对外开放窗口功能，同时出台大量优惠政策，帮助深圳积极引进各类人才，大力推动深圳的基础设施建设，进一步完善了深圳对外开放功能，这种功能既促进了深圳涉外经济贸易的快速发展，也促使了深圳各个涉外行业、部门建立密切联系，积极展开合作。

3. 区域经济系统的特性

区域经济系统的特性如图1-2所示。

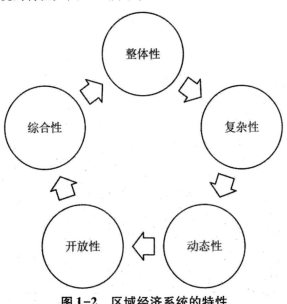

图1-2　区域经济系统的特性

（1）整体性。区域经济是由区域内部各个行业、部门彼此关联、相互影响形成的统一整体，是绝对不能分割的。从区域经济系统的整体层面上讲，每个经济系统都是更高级区域经济系统的组成部分，执行着高级系统的特殊功能。国家层面的经济系统是这个国家范围内全部区域经济系统以及部门经济相互作用，相互联系，形成的统一有机整体；每个区域经济系统以子系统的形式存在于国民经济系统内。发展区域经济时，必须做到：在系统整体上掌控全局，对区域经济系统进行全面布局、统一开发，实现整体发展，只有这样，才能发挥出系统"1+1>2"的整体功能。

（2）复杂性。区域经济系统具有复杂性的特点，主要体现在四个方面：第一，组成区域经济系统的要素种类、数量繁多；第二，区域经济系统的生产布局和空间结构层次多样；第三，区域经济系统维度多样，描述系统的质点需要六个变量，其中包括三个坐标和三个动量，系统层次数量和变量组数是一一对应的，层次数量越多，所需要的变量组数越多；第四，区域经济系统的方向多变，区域经济系统由数量众多的各类要素组成，其中大部分要素是非线性相互作用系统，具有不可逆的特性。这些非线性作用为系统发展提供了大量的演化方向。在发展区域经济时，一定要深入研究系统的复杂性，实事求是、因地制宜地发展。

（3）动态性。区域经济系统的动态性特点集中体现在地域空间与事件的相互关系上。时间总是处于不断变化中，伴随着这种变化，系统的空间布局以及物质的量也在时刻变化着。区域经济系统内部各组成要素及其相互之间的关系也是时刻变化的；区域经济系统同外部环境之间的关系主要指的是系统同周围自然环境的关系，其同样时刻发生着变化，换言之，系统内外时刻处于动态平衡状态。要想发展区域经济，就必须时刻掌控区域经济系统的变化，据此进行实现产业结构以及生产布局的优化，保持区域经济始终以稳定合理的速度向好的方向发展。

（4）开放型。区域经济无时无刻不在变化之中，其是开放性系统，系统本身同外部环境、系统同各组成部门、系统同结构以及层次之间存在着非常密切的关联，彼此之间时刻处于物质、能量或者信息形式的交流传递状态，并且这些交流拥有无与伦比的作用。由此可见区域经济的发展必须最大限度发挥出区域经济本身的开放性作用，促进区域内外物质形式、能量形式以及信息形式的交流转换，从而实现区域经济健康、稳定、可持续发展。

（5）综合性。区域经济本身就是一个非常复杂的综合体，其形成以及发展过程均带有非常显著的综合性，其中包括利用资源方面的综合性、发展布局方面的综合性、保护环境方面的综合性以及指挥系统运作的综合性等。由此可见，必须用系统的综合观点看待区域经济的形成发展进程，分析和评价其发展的自然、社会以及经济因素，综合协调区域内复杂的生产关系，对区域内有限的生产要素进行综合配置，使整个系统处于动态平衡状态，维持区域经济健康、稳定、可持续发展。

4. 区域经济系统的运行规律

区域经济系统的运行规律如图 1-3 所示。

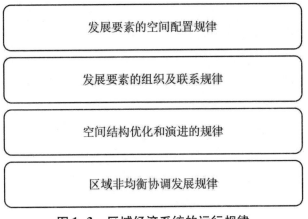

发展要素的空间配置规律

发展要素的组织及联系规律

空间结构优化和演进的规律

区域非均衡协调发展规律

图 1-3 区域经济系统的运行规律

（1）发展要素的空间配置规律。区域经济的要素通常有两种：一种是经济发展要素；另一种是空间构成要素。经济发展要素在不同区域的合理配置问题通过要素的空间配置来完成。资源的相对稀缺性以及空间分布不均匀是对资源进行合理配置的根本原因。人类的欲望是无止境的，但是资源的总量是固定的，这就造成了资源的相对稀缺性，当人类为了解决资源紧缺问题而产生尝试和探索行为时，也就产生了经济活动。同时，资源在空间上的分布不是完全均衡的，而是存在着很大差异性。有些特殊资源是固定的，不能或者不容易迁移，比如土地资源、矿藏资源、政策资源、法律法规等。

（2）发展要素的组织及联系规律。区域经济要素之间的相互组合是发展要素在区域经济系统内部运动的表现形式,并且要素间的这种组合是非常稳定的,也是连续的,即存在内在稳定性与连续性。这种内在连续性指的是区域经济系统内的经济联系、组织以及结构,这些联系、组织以及结构是系统内部各要素在一定空间区域内围绕专业化部门运动而形成的,能够反映出以区域集体利益为基础的经济行为的内部关系,这种紧密联系体现了区域内部活动的属地化特性,并且区域内部的经济活动拥有同质性的特点,这也是区域经济不同于国民经济的关键之处。区域经济在本质上是拥有地方特色的国民经济,这是由各区域不同的经济联系方式所决定的。区域经济系统的连续性指的是区域内经济活动之间的联系是连续不断的,并且时刻处于发展中,当区域专门化部门发生变化时,经济联系也发生相应变化。

(3)空间结构优化和演进的规律。地域空间结构演变的主要因素是发展要素在一定区域范围内部空间的合理配置以及不断流动,这种配置以及流动在一定程度上推动了空间结构的不断优化和演变。发展要素在区域经济系统内部是不断运动的,这种运动体现在地域上就是空间结构。从静态的观点来讲,核心—外围形式的二元结构构成了空间结构的基本形态。而西方空间结构理论研究结果显示,核心—外围的二元结构是由极化—扩散机制作用产生的。这从侧面反映出经济发展在空间上的不均衡本质。区域经济活动的不均衡性造就了独特的区域空间结构。从动态的观点来讲,受极化—扩散机制的影响,经济空间结构是不断变化的,这种变化是随着区域经济的发展而产生的,在变化过程中,实现结构的逐渐优化和演进。换句话说,经济活动地域化过程具有一定方向。

(4)区域非均衡协调发展规律。区域经济系统运动的最终目标是实现系统结构的不断优化和升级,在系统运动过程中,要充分保障系统体量的持续增加,也要推动系统质量不断提高。换句话说,区域经济的均衡协调发展是区域经济系统运动的基本规律之一,在保持国民经济高效运行并且适度增长的前提下,应积极促进不同区域经济的和谐发展,最终实现共同繁荣、共同富裕。

第二节　区域经济均衡与非均衡发展理论

一、区域经济均衡发展理论

区域经济的发展方式多种多样，均衡增长是其中一种。新古典区域均衡发展理论是区域经济均衡发展理论的典型，它建立在主动均衡的新古典假设之上，价格机制和竞争机制在完全竞争市场的条件下能够实现社会资源配置的最优化，这一理论包括莱宾斯坦（Harvey Leibenstein）的临界最小努力理论、纳尔逊（Richard R. Nelson）的低水平均衡陷阱理论、纳克斯（Ragnar Nurkse）的贫困恶性循环理论等，上述理论有一系列假设条件，具体包括以下几个方面：

（1）生产中的两大要素——资本和劳动力，两者能够互相取代。

（2）完全竞争市场。

（3）生产要素无成本，而且是自由流动的。

（4）有稳定的区域规模报酬和较好的技术条件。

（5）发达区域的资本密集度高，而资本边际收益率却很低；与之相反的落后地区只有高密集度的劳动力和低薪酬。

均衡发展理论认为，资本、技术以及劳动力这三要素的投入情况是区域经济增长的决定性因素。这三要素的报酬是由各自的边际生产力决定的。在自由竞争市场中，生产要素的流动是实现最高边际报酬率；而在市场经济中，生产要素的流动是为了实现区域的均衡发展。尽管发展程度和要素禀赋在各个区域不尽相同，但毋庸置疑的是劳动力为了获取更高报酬，总是趋于流向高工资的发达地区。同样的道理，为了获得更多收益，资本会从高工资地区流向低工资地区。总而言之，生产要素自由流动的最终目的是实现区域经济的均衡发展。

（一）临界最小努力理论

莱宾斯坦在《经济落后和经济增长》一书中提出临界最小努力理论，主张发展中国家应努力使经济达到一定水平，冲破低水平均衡状态，以取得长期持续的经济增长。莱宾斯坦认为，假设经济发展到了一定程度，但提高人均收入的动力却无法突破规模的临界值，那么就不能冲破经济发展的阻碍，改变低水平的均衡发展状态。在一定时期内，经济受到的增长刺激必须要大于临界最小规模，这样才能改变国家经济的落后状态，实现经济的持续增长，逐渐向比较发达的经济状态靠近。

莱宾斯坦的命题建立在人口增长率与人均收入水平成一定函数关系之上。一般而言，发展中国家在人均收入上升期受到的阻力要大于推动它上升的动力。人均收入始终保持在仅能维持生存的均衡点上，引起一个反复轮回的所谓恶性循环。但是，如果外来的刺激力量十分巨大，使人均收入持续大幅度上升，这时即使消费水平因收入的增加而提高，也不至于把增加的收入全部用于消费，同时诱发的人口增长也为经济发展提供了条件。在这种情况下，发展中国家就会有力量摆脱其恶性循环，迈向持久性成长。换言之，一国的经济从落后状态向发达状态转变，就必须在一定时期受到大于临界最小规模的增长刺激。

（二）低水平均衡陷阱理论

低水平均衡陷阱理论是在莱宾斯坦提出的"准安定均衡"理论的基础上，由发展经济学家纳尔逊进一步提出和完善的，该理论假设当人均收入超过维持生命的水平时，人口就要迅速增长，但当人口增长率达到"自然的上限"以后，收入的增长使人口下降。其理论的主要内容是：人均实际收入无法满足养家糊口的需求或仅能维持低水平的生活状态是不发达经济的一大顽疾。这就从根本上限制了低收入居民储蓄和投资的行为。用增加国民收入这种办法来提高储蓄和投资往往会使人口同步增长，从而又将人均收入打回原形。如此一来，就陷入了恶性循环，使得不发达经济无法突破瓶颈。该理论包含三个方面的内容：人均资本、人口增长以及产出增长与人均收入增长的关系。发展中国家无法迅速提高人均收入的主要原因是其人口增长过快，阻碍了经济增长。发展中国家想要突破这一阻碍，实现人均收入与经济双增长，就必须扩展资本投资规模，使投资和产出的增长幅度超出人口的增长幅度。

形成低水平均衡陷阱的四个经济技术条件：一是人均收入水平和人口增长率的高度相关性；二是人口基数过大和人均收入过低，使得任何投入的额外追加都难以提高人均收入，进而使储蓄和人均投资的增加亦十分困难；三是耕作制度的落后使发展中国家最为看重的土地资源严重短缺；四是采用的生产方法缺乏效率。除此之外，若干非经济因素和经济活动中只改变收益分配格局而不增大国民收入总量的"零和效应"也会阻碍经济发展。另外，发展中国家还存在种种阻碍进步和发展的社会、文化方面的惰性。

持续的经济增长要求打破低水平均衡陷阱，在现有经济资源不变和没有外部刺激的情况下，要走出陷阱，就必须使人均收入增长率越过人口增长率。由此可见，必须多管齐下，综合治理。主要措施有六种：一是从制度上创造有利于经济发展的政治氛围和社会环境；二是出台计划，缩小家庭规模，改变社会结构，鼓励节俭消费，倡导居民储蓄，培养企业家精神；三是改变收入分配格局，避免公平伦理观念影响效率原则，并促使财富向投资者集中；四是依靠国家综合投资以及国民经济发展计划和规划的确定，加大突破陷阱的力量；五是吸引外资以增加投资和收入；六是通过技术进步来提高现有资源的使用效率。

（三）　区域均衡发展理论

新古典区域均衡发展理论从纯粹供给的角度，认为区域长期增长取决于资本、劳动力和技术三个要素，各个要素报酬取决于其边际生产力。然而，其没有考虑区域空间特征，生产要素的流动也不灵活。

（1）从资本的流动性来看，由于大部分资本是固定资本，资产专用性使其转移存在巨大转移成本。

（2）从资本的流动方向来看，投资者不仅要考虑利润最大化，更要看投资环境的综合条件，发达地区对投资者的吸引力可能更大。

（3）劳动力并非完全流动，其迁移受信息非对称及制度与非制度因素的影响和制约。

区域均衡发展理论的缺陷：第一，区域均衡发展理论忽略了发展中地区特别是那些落后地区不具备能够推动产业和整个区域平衡发展的各种资源，以至于在发展初期不可能做到均衡发展的事实；第二，均衡发展理论认为仅仅依靠完全竞争市场的供求关系就能推动市场中劳动和资本的流动，并且是工资报酬以及资本收益的决定因素，却忽略了科学技术和规模的影响。实际上，市场作用是有限的，它总是趋向增大各个区域间的发展差异。与不发达地区相比，发达地区的基础设施更完善，服务更广泛，市场需求也更大，更能够吸引资本和劳动力，于是产生了极化效应。尽管发达地区会向周边区域扩展，但是其产生的扩展效应在完全市场中远远小于极化效应，导致区域间的差距更大。此外，科学技术条件的差异也会使资本收益率产生差距，造成资本要素异常流动，从而使不发达地区资源更加稀缺，经济发展难上加难。

显然，该理论运用静态分析方法，从理性的角度出发，将复杂的问题过分简化，没有立足发展中国家的客观实际，抛开现实谈发展，不具备现实的指导意义。而非均衡发展理论更能够指导处于经济发展初期的国家找到一条适合本国国情的发展之路。

二、区域经济非均衡发展理论

（一）不均衡增长理论

不均衡增长理论是由著名经济学家赫希曼在《经济发展的战略》一书中提出的，该理论主张发展中国家的投资应有选择地在某些部门进行，其他部门通过其外部经济作用而逐步得到发展的经济战略。赫希曼认为，发展中国家主要稀缺的资源是资本，若实行一揽子投资，则资本稀缺这一瓶颈将无法突破，也就无法实现均衡增长。发展的路程就像一条"不均衡的链条"，从主导部门通向其他部门，从一个企业通向另一个企业，从一个产业通向另一个产业。经济发展通常采取跷跷板的推进形式，从一种不均衡走向新的不均衡。发展政策的任务不是取消，而是要维持紧张，即维护不呈比例或者不均衡，使不均衡的链条保持活力。不发达经济取得经济增长的最有效选择是采取精心设计的不均衡增长战略。①

首先选择若干战略部门进行投资，当这些部门的投资创造出新的投资机会时，就能带动整个经济的发展。赫希曼指出，一般而言，新的投资工程刚开始时，总要利用以前的工程创造的外部经济，同时它自己也创造能被以后的工程所利用的新的外部经济。投资工程可以划分为两大类：一类是对外部经济利用多而创造少，具有收敛级数性质的投资；另一类是对外部经济利用少而创造多，具有发散级数性质的投资。发展政策当然要鼓励、促进利用少而创造多的发散性投资，但实际情况往往是两类投资交叉进行。

赫希曼是首先提出产业之间的前向联系和后向联系概念的经济学家。前向联系产业一般是制造品或最终产品生产部门；后向联系产业一般是农产品、初级产品生产部门。赫希曼进一步认为，应该根据联系效应理论，把投资重点放在中间的基本工业上，这样会引起前向联系效应和后向联系效应，从而带动整个地区经济的发展。在项目选择上，应该优先选择那些能产生最大引致投资的直接生产性部门（主导部门），以其优先增长来带动其他部门的发展。即一个国家在选择适当的投资项目进行优先发展时，应当选择具有显著的前向联系效应和后向联系效应的产业，而联系效应最大的产业就是产品需求收入弹性和价格弹性最大的产业，在发展中国家通常为进口替代工业。可见，不均衡增长理论是从资源有效配置的角度考虑如何把有限的资源分配于最有生产潜力即联系效应最大的产业，通过这些产业的优先发展以解决经济发展的瓶颈问题，并带动其他产业的发展。这就是赫希曼不均衡增长理论的核心。

（二）输出基础理论

1955 年，道格拉斯·诺斯在一篇题为《区位理论与区域经济增长》的论文中批评了艾萨德的区位理论和胡佛的增长阶段理论，认为他们没有解释区域增长的动力，并且关于区位的模型和增长的描述也存在着问题。诺斯认为，区域经济增长的动力来自外部需求的拉动，区域外部需求的增加是区域增长最为关键的初始决定因素。诺斯从经济史的角度出发，认为区域增长的阶段论中的阶段序列与

---

①　茶洪旺，李健美. 区域经济管理概论［M］. 北京：中国人民大学出版社，2006.

经济史是断裂的，该理论是建立在中世纪欧洲封建自给自足型经济的假设之上的。近代美国的经济发展与区域增长的阶段论的阶段序列不相符合，从一开始，美国区域的经济活动（资源开采、生产和贸易）就是直接联系世界市场的。

按照诺斯的观点，一个区域能否求得发展的关键在于能否在该区域建立起输出基础产业；而特定区域能否成功地建立起输出基础产业，则要根据它在生产和销售成本等方面对其他区域所拥有的比较利益的大小而定。

第三节　区域产业结构与经济可持续发展理论

一、区域产业结构理论

（一）产业与产业结构

1. 产业的分类方法

产业是历史范畴，是伴随生产力和社会分工的深化而产生和不断扩展的是国民经济各部门各行业的总称。产业作为经济单位，介于宏观经济与微观经济之间，是企业与区域经济整体之间的一种中观经济层次。它既是国民经济的组成部分，又是同类企业的集合。[①]

由于产业的内容十分复杂，因此至今尚无统一的严谨的定义。从不同的研究目的与角度出发，人们采取多种多样的产业分类法。以下是常见的产业分类法：

（1）三次产业分类法。三次产业的划分是英国著名经济学家科林·克拉克于 1940 年在他发表的著名经济学著作《经济进步的条件》中提出来的。克拉克关于三次产业的理论总结了伴随经济发展的产业结构的演变规律，从而开创了产业结构理论，成为分析国家和地区产业发展的有力工具。克拉克将产业部门归并

---

① 孙久文. 区域经济学（第 4 版）[M]. 北京：首都经济贸易大学出版社，2017.

为三类：第一产业是取自自然物的生产，包括种植业、畜牧业、林业和狩猎业等；第二产业是加工于自然物的生产，包括采矿业、制造业、建筑业、煤气、电力、供水等；第三产业是繁衍于自然物之上的无形财富的生产，包括商业、金融业、保险业、运输业、服务业、其他公益事业和其他各项事业。从经济学理论来看，这种分类法并非很严密，其中采矿业、煤气、电力、供水、其他公益事业等行业的产业归属问题也有争议；但从应用经济分析上看，这种分类法是研究伴随经济发展的资源分配结构变化趋势的一种有用工具。

（2）两大部类与农轻重分类法。两大部类和农轻重分类法是把社会总产品从实物形态上按其最终使用方向划分为生产资料部类和生活资料部类，并相应地把生产这些产品的部门也划分为两大部类，即生产生产资料部类和生产生活资料部类。这种产业分类法是产业结构理论的基本来源之一，是投入产出表的基础。其局限性是覆盖面窄、实际应用困难。两大部类的分类方法未能将一切物质生产领域和非物质生产领域包括进去，从分类界限来看，有些产品难以确定为两大部类中的生产资料或生活资料。

在具体应用中，两大部类和农轻重分类法将社会生产划分为农业、轻工业和重工业三大部门。一般属于重工业的工业部门有冶金工业、建材工业、机械工业、化学工业、煤炭工业、石油工业等；轻工业的工业部门一般有食品工业、纺织工业、造纸工业等。由于两大部类和农轻重分类法没有包括对服务业的分类，因此今天已经很少使用。

（3）要素密集度分类法。因为各种生产要素的密集程度不同，也为了便于体现区域要素禀赋构成与生产优势，通常经济活动可分为资源密集型产业、劳动密集型产业、资本密集型产业与技术密集型产业。区域分工与要素密集程度差异化探究影响着区域经济发展与区际经济关系。

要素密集度分类法产业划分的特征是：它存在于将各个产业使用的各种资源的组合在产业之间进行的比较中，它是一种相对的划分标准，不存在绝对的划分标准。通俗而言，钢铁工业、石油化学工业是典型的资本密集型产业，采矿业是典型的资源密集型产业，纺织工业是具有代表性的劳动密集型产业，电子计算机工业不仅属于技术密集型产业，还属于劳动密集型产业。生产要素密集程度分类法可以说明区域产业结构的素质，揭示区域产业结构的发展趋势，并在区域产业结构规划中发挥重要作用。

2. 产业结构的分类原则与体系

在某个区域开展经济活动，发展产业，就形成了该区域的产业结构。由于特定区域有着自身优势，结合全国经济领域构建的整体要求，某个区域内就会出现某种类型的产业结构。从区域经济学理论来看，区域经济的根本目的是在地域市场一体化的大环境下，利用区域优势，科学合理安排区域分工，从而实现区域经济的整体效益最大化。区域优势可以分为资源优势、区位优势和发展阶段优势（反映了区域优势的动态性和阶段性）。此外，鉴于我国国情，各地区的政策制度不尽相同，区域优势也包含当地的区域制度。构建能最大限度表现该区域特色优势的区域产业布局是发挥区域优势的关键。

另外，建立区域产业结构必须遵循"有所为、有所不为，但求所在、不求所有，但求所有、不求所在"等市场经济体制条件下的区域经济运行原则。为贯彻以上原则，在某地区经济发展的成果评价上，应改变目前以国内生产总值（GDP，属地原则）为指标的做法为以国民生产总值（GNP，要素收入原则）为指标的做法。

（1）区域产业结构分类的基本原则。进行区域产业结构划分主要遵从以下三个标准：

第一，以区域特色优势作为区域产业结构划分的基础。应紧紧围绕区域特色优势构建该区域的产业结构，区域的特色优势不同，其产业构成也不同。规划时要着重关注代表区域优势的产业，包括最大优势的产业和较有优势的产业。

第二，按照区域分工的标准进行区域产业结构划分。区域产业结构划分基于区域分工。如果没有区域分工，各地的产业结构都无差别，那么产业结构划分就无从谈起。区域分工体现着"区域"在经济活动中的作用：在全国统一市场大环境下，地区间各有分工，每个区域服务另外的区域，而其他区域又为该区域提供各种服务。国土范围越广，"区域"数量就越多，这样区域分工作用才能向纵深发展，从而进行更多的互惠互利活动。

第三，相对完整地进行区域产业结构划分，具有较紧密的关联性与动态性。区域经济既要依靠具有特色的专门化产业的迅速发展，又要配备一套完善的普通产业，从而实现多元化整体发展。不同功用的产业互帮互助，建成系统性的区域产业结构。专门化产业能带动"发展"，普通产业则是保持"平稳"，二者缺一不可，否则区域经济无法实现科学持续发展。区域内各类型的专门化产业必须有机融合普通产业，二者共同奋进。

（2）区域产业结构的分类体系。

第一，专门化区域产业。其主要指的是代表区域特色优势、有着重要区域分工作用、以提供对外服务为主的类型产业。专门化率指的是区域专业化的程度，即在区域产业组成中专门化产业所占比重与在全国产业组成中该产业所占比例之比。各区域专门化产业分为主导专门化产业和普通专门化产业，主要是依据专门化程度的大小，以及其适应区域经济发展时期的水平进行划分。这两类专门产业指的就是主导产业以外的地域专门化产业，包含退居二线的主导产业、正在形成的主导产业（潜导产业）、其他普通性专门化产业。参照区域优势动态比较理论，不但要关注主导专门化产业发展，而且对普通专门化产业的发展也不能忽略，以期构建互相关联的产业链，确保区域经济始终都有领头企业，使经济取得平稳长足的发展。

第二，区域辅助产业。为保障地域专门化产业可以始终进行高效正常运作，区域辅助产业全面供应产中、产前、产后相关配套服务。因为产业具有关联性，所以辅助产业与主导产业存在最直接、最密切的横纵向关系。辅助产业完全服务主导产业。其建设规模、速度和次序都必须符合主导产业进程的安排。不一样的区域主导产业就有不一样的区域辅助产业。

第三，非专门化产业。非专门化产业是指专门化率小于1或略大于1的、主要满足区内需求的自给性产业，包括区内基础设施、生活服务产业，以及需求量大、不宜运输、发展要求不高的所谓普适性产业。区内基础设施主要有交通通信网、电力网、农田水利、城市基础设施等。生活服务产业包括商贸行业、餐饮、旅馆、仓储、社区服务、家政服务等。普适性产业涉及日常蔬菜、鲜活食品、奶制品、体积庞大的易碎物品及砂土、砖石类建材等。

（二）产业结构演进

按照一定的分类而形成的产业之间的比例就是产业结构。随着经济的发展，区域产业结构会发生相应的转换和演变。所谓产业结构的演进，是指区域产业结构依据经济发展的历史和逻辑顺序演变，不断达到更新阶段和更高层次的过程，即产业结构的高级化或高度化过程。这种结构变化不是随意的，而往往表现出一定的规律性。

1. 产业结构演进的理论依据

（1）配第–克拉克定理。17世纪，英国经济学家威廉·配第在他的名著《政治算术》中指出：制造业比农业得到的收入多，进而商业比制造业能够得到更多的收入。在经济发展中，这种不同产业之间相对收入上的差异会促使劳动力向能够获得更高收入的部门移动。20世纪50年代，科林·克拉克对以上问题进行了更深入的研究。他通过收集并梳理众多不同国家的劳动力在时代更替中进行三次产业间的转移情况，最终总结出以下内容：因为经济的不断革新，国民人均收入水平有所提高，劳动力开始从第一产业转移到第二产业，在人均收入水平再次提高时，劳动力开始转向第三产业。届时，产业间的劳动分布是第一产业逐渐缩减，第二、第三产业逐渐增多。这就是配第–克拉克定理。

从一个国家经济发展的某一个时期，或者在相同时间节点上对不同发展阶段的国家的状况进行横断面对比，配第–克拉克定理都可以得到不同程度的验证。由此可以看出，当一个国家的国民平均收入越高，劳动力在第一产业的分布数量就越少，而第二产业、第三产业的劳动力数量相对较多，相对而言，当一个国家的国民平均收入越低，劳动力在第一次产业的分布数量就越多，而第二产业、第三产业的劳动力分布数量相对较少。

（2）库兹涅茨法则。俄裔美国著名经济学家库兹涅茨在他的著作《各国的经济增长》中，从国民收入和劳动力这两个方面对伴随经济发展而出现的产业结构演变规律做了分析研究，得出如下结论：

第一，伴随着国民经济的不断进步，在整体国民收入中，地区第一产业国民收入所占的比例与在全部劳动力中第一产业劳动力所占的比例相同。

第二，在工业化时期，第二产业实现的国民收入所占比例增大，投入第二产业的劳动力比例也会增大，前者的增加速度明显高于后者。但在后工业化阶段，第二产业的国民收入和劳动力比例都有不同程度的下滑。

第三，第三产业实现的国民创收和第三产业投入的劳动力的比例呈不断上升趋势。工业化前期和中期，投入的劳动力所占比例与国民创收的速度相比，前者的增长速度明显高于后者的增长速度。

三次产业的变革在工业化历史进程中互为依靠，不可缺失。若第三产业改革速度慢，第二产业总量改革速度快，那么第二产业总额在 GDP 中的占比必定增长很快。然而，若第一产业劳动力停滞，则会导致城市化进度严重受阻。

2. 产业结构演进的趋势

（1）高服务化。高服务化演进趋势指的是从国民经济整体纵观产业结构发展，最初占优势的是第一产业，后来，第二产业逐渐取代第一产业并且发展加快，再后来，第三产业又超过第二产业。工业化进程的加快造成了一系列连锁反应，农业产值占比降低，工业产值占比提高，同时在产业结构中的比例处于领先位置，工业化后半段工业产值占比降低，服务业产值占比不断增加，最终取代工业产业。

（2）知识技术集约化。知识技术集约化演进趋势指的是从资源应用方面来讲，产业结构的重心从劳动密集型转变为资本密集型，然后沿着知识技术密集型产业道路变化。这表明工业化进程的发展在很大程度上影响着资源因素，如劳动力、资本、知识技术在经济领域内的位置和功用的发挥。

（3）产业结构高度化。从国民经济发展重心的变化来看，从第一产业过渡到第二产业，再转向第三产业，这一趋势就是产业结构高度化，也叫产业结构高级化，代表一个国家经济进步的快慢和发展过程、趋势。

（三）区域产业结构优化

对于区域产业结构中不协调之处进行持续改进，使区域产业结构保持科学健康、平稳的发展，这就是区域产业结构优化。和谐从根本上指的是产业间有机聚合质量，产业间互相作用形成的一种有别于产业能力总和的综合能力。

1. 区域产业结构的影响因素

从总体上看，产业结构是由生产力水平所决定的。影响区域产业结构的因素主要有以下五个方面：

（1）区域的资源状况。自然资源对产业结构的影响是显而易见的。自然资源经济价值受种类、数量、质量的影响，也影响着区域产业结构的划分。比如铁矿或石油因为储量大或者质量高，所以它们的经济价值就高，区域经济因其开发有很大变化，有可能形成一种以这两种资源的挖掘应用为核心的产业结构。

（2）区域产业结构基础和生产传统。产业结构的变化受区域原有的产业结构基础和生产传统的影响。一个区域现有的产业结构是原有产业结构逐渐演变而形成的，产业结构的演变不但要去除原有产业结构中的糟粕，而且要有计划地对其进行革新。一个区域原有的产业结构基础与传统对现在、将来的产业结构有着不可忽视的影响。

（3）区域联系及区域分工。影响产业结构改变的要素包括商业互通、资金流通、人才和劳动力的流动、技术转移、信息的传递等。产业结构中的区域劳动分工也很关键。在市场经济大环境下，劳动地区分工代表着合作、竞争和收益，能影响产业结构的其他要素，在它们的辅助下，可以增大或减小影响力。

（4）技术进步。在技术发展的推动下，原有产业结构持续进行自我完善，从而提高经济发展水平，这一过程也是技术进步推动经济发展的过程。具体来讲，在市场竞争态势下，为满足市场要求，技术发展对产业进行有计划的扩大或紧缩的刺激可以进一步有效革新优化产业结构。

（5）需求结构。由于人均收入的持续增加，人们的主要需求逐渐转向更高层面，需求层次的提高可以牵动产业结构的改变。支出构成从以吃、穿为主转变为对耐用消费品、服务的热衷。需求结构的这个特点直接加快了产业结构的革新速度。

2. 区域产业结构的优化策略

在战略和策略上，区域产业结构优化应从以下方面入手：

（1）优先发展主导产业。区域主导产业的选择准确与否是事关整个区域经济发展成败的重大决策。一旦确定了主导产业，就应投入更多资源帮助其发展，可以出台有利政策保证其快速起步、蓬勃发展，使其有能力肩负地区分工的重要职责，以更好地引领其他经济行业的进步。

（2）协调主导产业和非主导产业的关系。辅助产业直接关系主导产业，其发展过程要最大限度配合主导产业的发展；非主导产业与主导产业的建设时序要连贯；非主导产业与主导产业的建设规模要互相契合。服务地域生产、生活，维持社会正常运作的基础型产业需要更多有利因素进行创造。力争在区域内达到平衡，以形成对区域主导产业和辅助产业的强有力支持。

（3）积极扶持潜在主导产业。积极扶持潜在主导产业，促进区域产业结构及时合理转换。区域产业结构优化是一个动态概念。潜在主导产业（以下简称潜导产业）代表了区域产业未来的发展希望。潜导产业的确立必须根据实际经济发展水平和要素，被选取的产业要有很大的发展潜力，要在资金、技术、人才方面给予其大力帮扶，使其发展蒸蒸日上。在原有主导产业进入衰退期后，潜导产业应及时接替，成为新的主导产业，建立起新的、合理的区域产业结构。

二、区域经济可持续发展理论

（一）区域可持续发展的内涵

1. 区域可持续发展的根据

区域可持续发展提出的基本根据如下：

第一，资源角度。区域可持续发展是合理利用自然资源、注重资源使用效率、加快区域经济发展的重要战略思路。每个区域的土地、能源和矿产资源等都是有限的，资源短缺局面的出现会使经济发展受到严重制约。区域可持续发展思想的提出就是要有效解决资源利用与区域发展的矛盾。

第二，环境角度。区域可持续发展提出的一个重要依据是区域的环境问题。区域的生态环境随着区域经济的发展而受到影响。在我国，区域经济发展对生态环境的压力很大，环境污染、生态恶化、水土流失、沙漠侵蚀成为区域经济发展的重要制约因素。区域可持续发展思想的提出是强调区域经济要满足人们对经济发展和生态环境的双重需求，每个都不可以偏废。[①]

第三，社会角度。区域可持续发展是以建设一个公平和发展为标志的和谐区

---

① 石淑华. 区域经济发展：新理念、新战略、新格局［J］. 江苏社会科学, 2017（5）：84-90.

域为目的，人类的文化会得到极大保护和弘扬，每个现在和未来的居民的自身价值都可以得到体现。在我国，现实情况是：区域发展的差距日益加大，城市社会与农村社会的贫富差距日益加大，社会公平发展面临考验。区域可持续发展思想的提出强调了均衡发展是区域发展的终极目标。

2. 区域可持续发展的要素

区域可持续发展的要素具体如下：

第一，区域可持续发展是现实发展与长期发展的统一。区域可持续发展必须兼顾区域发展的近期目标与长远目标、近期利益与长远利益，以实现经济、人口、资源、环境的全面协调发展。

第二，区域可持续发展要兼顾区域经济的发展和区域社会的进步。区域经济发展是社会发展的动力。兼顾经济发展和社会进步，要加大居民对区域发展的参与度，要依靠科技进步和人的素质的不断提高来实现。

第三，区域可持续发展要注重对生态环境的保护。自然生态环境是人类生存与发展的基础，如果对这些资源环境进行破坏和污染而使其恶化，那么区域终将无法发展。要强化全体居民的环境保护意识，注意人口对环境和资本对土地的压力不能过大。

第四，区域可持续发展要保证所有区域的平等发展权利。国家必须解决好资源在各区域之间的合理分配，使每个区域都拥有协调发展的基本条件。

（二）加快区域基础设施建设

保证区域可持续发展的基础设施系统的内容十分广泛，它包括经济基础设施和社会基础设施，具体而言，可分为三大部分：第一，交通基础设施，包括铁路、公路、水道、管道、航空系统和城市内部的城市道路系统；第二，公用事业设施，包括供排水、供电、管道煤气、绿化、环境保护等；第三，信息产业基础设施，包括通信、邮政和互联网等。

1. 区域基础设施配置的方式和途径

（1）区域基础设施配置的方式。按照市场和政府在基础设施空间配置中的关系和作用程度，可将区域基础设施区域配置的方法分为以下三种：

第一，政府或公共部门利用指令性计划方式进行基础设施的空间配置。其特点是在基础设施建设、决策和投资过程中进行政府计划配置，排斥市场机制的作用。

第二，以市场配置方式为主进行基础设施的空间配置。以市场配置方式为主进行基础设施的空间配置多见于主要的市场经济国家。这种方式的投资主体是私有企业，投资的空间流向取决于预期投资收益的高低。除私人投资外，资本市场融资也是这种方式的主要途径。

第三，以市场配置为基础，政府制订指导性计划作为引导进行基础设施的空间配置。在这种方式中，政府既指导和管理市场的配置，又直接投资于基础设施建设。投资的目的是弥补市场失灵，维护公平和布局均衡。这种配置方式尤其在环境保护和生活性、减灾性等无利或亏本的基础设施建设方面发挥重要作用，它要求政府有较完备的法规和较雄厚的财力。

（2）区域基础设施配置的途径。区域基础设施配置的途径往往影响到不同区域经济发展的速度，以及区域可持续发展的顺利实现。归纳起来主要有以下三种：

第一，空间分散投资配置。空间分散投资配置即将资金分散投入遍布各个区域的许多项目中，而不是集中于个别示范性大项目，这种途径往往是在国家初始发展阶段过度强调区域均衡发展的表现，并且由于缺乏大项目管理的人才和资金供给，不得已采取的发展途径，结果是各区域都没有获得快速的发展机会，普遍表现为低水平均衡发展。

第二，空间集中投资配置。当某个区域或城市呈现出较快的发展势头时，就会形成对资本集约型的基础设施的迫切需要。一方面，可以直接加大国家对增长区域的直接投资；另一方面，可以放开私人对增长区域投资的限制，让市场利益机制自发引导私人投资投向这一区域，结果不但会使资金使用转变为集中使用，还会使单个基础设施的投资总额大量增加。集中的投资配置将使增长区域获得快速发展，与其他地区间的差距逐渐扩大，国家进入非均衡发展阶段，区域间公平发展受到挑战。

第三，促进落后地区发展的投资配置。当增长区域与落后区域之间的差距不断扩大，并已经影响到整体经济发展和社会稳定时，就要对落后地区进行专门的基础设施投资，以满足经济发展和人民生活的需要。尤其在基本公共品的提供方面，政府起到的主导作用使区域可持续发展得到满足。

2. 基础设施规模与区域的发展

从基础设施与工业化的关系来看，基础设施建设与工业发展是相辅相成的。工业发展对交通、能源、通信等基础设施提出了要求，以解决其市场和原料等问题，并为基础设施的不断增长提供新的技术设备。从基础设施的产业属性来看，它基本上属于第三产业，其中一小部分属于第二产业。基础设施建设的过程也就是区域产业的发展过程。工业生产规模的扩大带动了区域经济规模的扩大。

在区域当中，城市规模和城市居民生活质量的变化对基础设施系统也不断提出新的要求。城市居民生活方式的变化对以家庭轿车、地下交通等为代表的交通运输系统及移动通信系统、互联网等提出新的要求。城市基础设施不足，将影响城市居民生活质量的提高，从而影响城市的可持续发展。

3. 区域基础设施优化建设的策略

（1）加快区域能源建设。加快区域能源建设包括加快电力设施的建设、石油天然气开采加工能力的建设，以及煤炭生产、加工、储运能力的建设。在现有大区域中，区域能源的供应问题成为区域可持续发展的关键问题之一。区域的供暖、供热、交通和居民的日常生活都必须有能源作为保证。必须解决好以下三方面问题，以此来保证区域的经济发展：

第一，保证区域能源的日常供应。一个大区域需要的能源的数量也相当大，需要国家和区域有稳定的供应系统，如电站、煤炭基地、石油基地和天然气供应管道等。

第二，有与区域能源的日常供应和区域经济发展水平相适应的区域能源储备。人们应当把区域的能源储备当成国家储备的一个有机组成部分来对待，但又要根据区域的能源消费特点来选择储备的能源种类。

第三，增加区域清洁能源的使用比例。从区域可持续发展的要求来看，为保证区域空气的清洁和居民的健康，增加区域清洁能源的使用数量是正确的选择。

（2）加快区域基础设施投融资体制改革。随着经济发展日益迅速，人民的需求也随之增多，以往基础设施建设因为低效率的经营方式、局限性的投融资体制以及有限的政府资本，很难跟上经济社会发展的脚步。为了改变这种窘境，需调整过去政府主导、计划为主的投融资体制，打造一种新的投融资方法，加快区域基础设施投融资体制改革。

（3）加快区域基础设施管理的体制建设。在加快建设区域基础设施管理的体制过程中，基础设施的作用已经成为学术界争相讨论的焦点，一是将基础设施与社会公共利益进行关联，甚至上升至影响国家经济命脉的高度，政府充当基础设施的经营者和所有者，为了实现既定社会目标，难免以牺牲基础设施的部分效率为代价，而且基础设施的公共物品属性、自然垄断属性和外部经济属性等都会导致市场失灵；二是基础设施供给和经营的低效率与浪费取决于政府或国有企业的产权特征，也就是所谓的所有制决定效率，从产权经济学的角度，可以将私有化投资和经营作为解决问题的最佳途径。两种措施都有助于加快区域基础设施管理的体制建设，采用政企分开的形式，遵循商业化原则，将有序的市场竞争机制引入基础设施建设和运营过程中，以推动经济稳步发展。

（三）发展循环经济，促进区域可持续发展

区域可持续发展的一个重要方面是发展循环经济。通过对生产资源的循环利用，使资源利用效益达到最大，从而达到发展经济、节约资源的可持续发展的目的。

1. 循环经济的学科基础

探寻循环经济的学科基础是研究循环经济的哲学渊源、指导原则和基本规律，对明确循环经济的研究目标和手段十分重要。

（1）生态学基础。之所以提及生态学，关键原因在于循环经济学体现的经济规律与仿生学十分相似，就像生态学中研究生物与环境的关系，循环经济学通过研究人类在自然界中仿照自然界物质代谢、循环、共生等的规律，以此安排经济活动。此外，生态学中将直接或间接影响生物有机体环境中的生物有机体及其周围一切空间称作一个生态系统，将生态因子定义为影响生物生长、发育、繁

殖、形态特征、生理功能和地理分布等方面的环境条件，从而将整体、协调、循环、再生等因素总结为生态系统的规律，正因如此，该规律也都被引入农业、工业等领域的循环经济实践中。

（2）经济学基础。经济学中将资源优化配置，特别是稀缺资源的配置作为主要研究内容之一，同样，生态环境在生态学发展中也会遭遇资源稀缺问题，在这种情况下，生态环境中融入经济学研究的内容显得顺其自然。循环经济学的发展已经得到各国政府的重视，各国纷纷参与到循环经济学的研究中，然而，各国也面临着同样的问题——外部性问题，即在商品经济活动中，一些没有直接参与消费或生产活动的企业和个人容易遭受一定的有害或有益影响，不利于整个经济活动正常运行。此外，生态环境处于非竞争性环境中，且在消费中具有非他性特征，容易引发过度使用和供给不足的问题，在这种情况下，需大力发展循环经济，既达到保护环境的目的，又有效提高自然资源。

（3）生态经济学。生态经济学既不是自然科学，又不是社会科学，而是处于生态学和经济学之间的边缘学科，从生态学的定义可知，它所研究的对象涉及经济系统和生态系统中价值增值规律、能量转化、物质循环及其他应用等方面，所处的生态环境也变成社会意义上的经济环境，而非自然意义上的人类生存环境。

2. 循环经济的工业生态学

（1）工业代谢。循环经济工业生态学中的工业代谢最早见于 20 世纪 80 年代中期，由阿瑞斯和西蒙尼斯等专家提出。这种工业代谢的目的是帮助人们采取有效措施对环境污染展开控制及预防，其过程包括对物质、元素及能量代谢之间的关系展开研究，然后分析经济运行中物流、能流和环境的影响，对工业系统中的整体运行机制进行把握，最终识别其中存在的主要问题和要优先解决的目标。

（2）生命周期评价（LCA）。生命周期评价已经被确定具有国际标准（ISO 14040 系列），面对这一大利好，我国必然加大力度研究循环经济的工业生态学，创建相应的软件平台和数据库，推出符合我国基本国情的生命周期规划、设计及评价方法。

（3）非物质化和非碳化。在国际社会上，非物质化和非碳化已经成为研究热点，对于非物质化而言，为了获取最大的产品及服务功能，或者实现物质及能量的最少投入，通常采用小型化、轻型化、使用循环材料和部件以及提高产品寿命的措施，或是在相同甚至更少的物质基础上来实现；对于非碳化而言，它是一种非物质化手段，基本功能体现在减轻温室效应及替代能源。这两种方法能够极大改善我国生态经济环境的现状，值得大力研究并推广。

（4）生态效率。从世界可持续发展工商理事会（WBCSD）给出的定义及度量方法可知，生态效率可降低对生态的影响和资源消耗强度，使之与地球的承载能力相一致，同时提供具有价格优势的产品或服务，满足人类需求，保障人们的生活质量；生态效率也可以表示为产品或服务的价值与环境影响之比。生态效率越高，环境代价越小，获得的经济效益越大，这与循环经济相同。

3. 循环经济的主要特性

循环经济是协调社会经济和资源环境的一种经济形态，它遵循可持续发展原则，将区域经济发展中的循环利用和资源减量化作为发展的标志，其经济特征体现在以下四个方面：

（1）经济增长方式的可持续性。循环经济优越于传统经济的经济形态，它能够取代传统经济一味追求数量型经济增长方式，改变自然资源取之不尽、用之不竭的错误思想观念，将资源高开采、低利用及高排放等错误的发展方式转变为符合生态学规律及可持续发展，追求质量型、低开采、低排放的循环经济模式，充分利用世界资源，保持全球生态平衡，实现经济持续可循环。

（2）实现社会物质财富和精神财富共荣共进。传统经济和循环经济相比存在极大差异，具体体现在三个方面：第一，传统经济的特点是"资源—产品—污染排放"单向流动的线性经济，而循环经济则是"资源—产品—再生资源"的反馈式循环经济；第二，传统经济需要损耗包括土地、劳动力及资本等大量的生产要素，而循环经济则重在有效利用劳动力、自然资源、科学技术、资本及环境等经济发展要素，从而保障资源利用的减量化、产品生产的再使用和废弃物的再循环；第三，传统经济追求的目标是经济效益最大化和物质财富的快速增长，而循环经济则是实现生态环境改善基础上的社会物质财富和精神财富的同步增长。

（3）人与自然的和谐关系。传统经济不同于循环经济的治理方式，前者以污染末端治理的方式打破人与自然的和谐，强调人征服自然的错误发展理念，导致生态环境不断恶化；而循环经济则采取污染源头治理、提倡清洁生产的方式，让人与自然和谐相处，优化生态环境，推动社会经济稳定健康、可持续发展。

（4）先进的企业价值观。传统经济中的企业追求利润最大化、污染治理外部化，是一种落后的企业价值观；而循环经济则强调清洁生产效益最大化，治理污染源头，改善生态环境是其基本价值观，通过先进的科学技术改善生态环境，追求人与社会、社会与环境、环境与经济和谐发展。

4. 循环经济的可持续发展方向

建立和发展循环经济体系的关键在于技术研发，以前瞻性战略高度，识别、优选循环经济的关键支撑技术时，需以广泛调查、分析为基础，从国家乃至全球可持续发展的角度，投入大量研发力量，研究循环经济的技术发展方向，制定支撑技术清单，引导循环经济长期发展。

地球资源储备和环境容量有限。从长远角度来看，循环经济的发展目标应是尽量少用或不用不可再生的自然资源和能源，以维系人类在地球上的不断繁衍和永续发展。

（1）逐步减少不可再生能源、资源的使用。加强可再生能源包括太阳能、风能、水能、生物质能、地热能和其他可再生能源（如太阳能光伏发电技术、燃料电池、氢能、海洋能等）利用技术的开发；同时，通过多学科交叉研究，培植和利用生物资源，以有效的加工系统人工合成各种工业原料，以此替代传统的石油烃类化工产品和其他初级原材料，改变人类一直以来开采矿产资源的模式。

（2）促进可再生资源和生态系统的再生和恢复。发展那些使得水、其他可再生资源、生态系统和环境在使用后能迅速恢复其原先的数量和质量的技术，包括资源循环和生态恢复等。

（3）不造成新的生态破坏和环境污染。同样的自然资源，对其采取不同的加工使用方式可能导致完全不同的生态和环境影响，即资源使用量与生态环境质量之间不存在必然的比例关系，应发展那些不造成任何新的生态系统和环境破坏的技术。

第四节　区域协调发展及其内容与特征

协调是搭配适当、步调一致。在空间经济领域，协调是正确处理区域内外与经济活动有关的各种关系，为区域经济的正常运转创造良好的条件和环境，促进区域经济发展目标的实现。协调发展是促进有关发展各系统的均衡、协调一致，充分发挥各要素的优势和潜力，使每个发展要素都能满足其他发展要素的要求，发挥整体功能，实现经济社会持续、均衡、合理、健康的发展。

协调发展的提出反映出人们对社会主义市场经济规律甚至自然规律认识的深化。在全面建成小康社会的进程中，坚持协调发展理念，就是要自觉纠正在区域和相关领域出现的只看经济增速、不看社会发展，只看经济效率、不看经济公平，只看短期利益、不看长远福祉，只看局部、不看全局的问题，并防止其蔓延，避免造成经济社会的发展失衡。坚持协调发展就是坚持统筹兼顾，在经济发展的基础上，促进经济社会全面协调可持续发展战略目标的实现，在经济指标获得数量提升的基础上，提升全体人民的福利。

区域协调发展的内涵包括四个方面的内容：首先，地区间人均经济收入或生产总值的差距保持在合理适度的范围，以遏制并逐步消除地区间人均生产总值扩大的趋势；其次，各地区民众能享受到均等化程度更高的国民教育、公共卫生、基本医疗、社会保障、社会救济救助、扶贫济困、防灾减灾、公共安全、科学文化事业发展等方面的公共服务，不出现明显差异；再次，各地区要素禀赋与生产优势可以得到合理有效的发挥，区域间交易关系顺畅，利益冲突消除，实现区域间经济关系优势互补、双赢互利；最后，各地区经济生产实现与自然资源和自然环境的协调，做到绿色、协调和可持续发展。

一、区域协调发展的基本内容

区域协调发展的基本内容非常丰富，包括区域经济总量的协调、区域产业结构的协调、区域经济布局的协调、区域经济关系的协调和区域发展时序的协调

（如图1-4所示）。

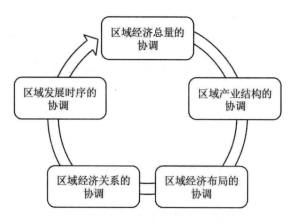

图1-4　区域协调发展的基本内容

（一）区域经济总量的协调

区域经济总量的协调是在考虑各区域所处的位置、拥有的人口和目前的发展水平的前提下，实现各区域在发展规模上的协调，可以分解为区域发展的规模协调和区域经济的水平协调。区域发展的规模协调是综合或组合的概念，是指各地区的比较优势和特殊功能都能得到科学有效的发挥，这样协调才能体现因地制宜、分工合理、优势互补、统筹发展的优势，区域经济条件下，区域应当具有一定的发展规模。区域经济的水平协调是各地区城乡居民可支配购买力和享受基本公共产品与服务的人均差距能够限定在合理范围内，以人均GDP等指标可以衡量的发展水平差距逐步缩小。

（二）区域产业结构的协调

区域产业结构的协调标准是比较明确甚至严格的。一是合理利用区域自然资源的情况。产业的形成与发展都不可能脱离物质基础，只有在合理利用本地自然资源的基础上形成的产业机构才能更好利用区域的自然资源禀赋条件，取得最佳的经济生产效益。二是区域内各产业的发展特色突出，能够按照区域禀赋和区域分工要求，做大做强特色经济。三是区域产业能够提供与区域发展水平相吻合的产品和服务。四是区域产业能够合理开发和利用国内外的成熟技术，充分吸收当代最新科学技术成果，具有一定的产业创新能力。五是区域产业可以实现绿色发展，与区域自然生态环境协调一致。

（三）区域经济布局的协调

区域协调发展的中心环节与核心任务是优化地域经济空间结构，实现区域经济布局的协调。根据区域经济发展需要，在综合评价区域发展优势和制约因素的基础上，充分考虑市场的需求和区域间的经济联系，实现区域经济资源的优化配置是布局协调的主要内容与方向。区域经济布局协调包括中心城市与周边区域的发展协调、重要基础设施在区域间的协调以及区域的产业功能分布协调，特别是产业功能分布在大的经济带、经济板块间的协调。比如，国家都市圈和经济带集中一半以上人口比例和经济总量，就会降低其他区域的比重，发展速度的差距、生产要素的流动集中差距都会进一步加大，优势区域的地理面积占比越来越大，而与之拉大差距的区域地理面积占比越来越高，难以实现协调之路。

（四）区域经济关系的协调

区域经济关系协调的目标是各区域之间基于市场经济导向的经济技术合作，能够实现全方位、多领域和高水平区域之间互利合作的新型区域经济关系。从竞争关系协调角度来看，区域经济竞争关系主要出现在经济发展机构与特点相似的区域之间，这些区域的产业特点详尽、结构趋同，竞争是常态，会出现争夺共同市场和经济资源的情况。但从全国大市场角度来看，竞争往往是局部性问题，包括政府在内的各种区域经济主体会进行经济理性分析以趋利避害，各地区自然条件和经济发展差异的现实要求更多的合作，将区域竞争局限在有限的空间和领域。从区域经济合作关系来看，区域良好的合作关系比单纯的竞争关系更能实现双方的合作，有利于不同区域之间优势与劣势要素生产的互补，在互为市场关系中扩大生产规模，提高经济效益。区域间产业的生产联系十分普遍，是区域合作的基本形势，通过产业合作带动经济生产其他方面的合作是市场经济运行的良性趋势。

（五）区域发展时序的协调

区域发展关系有时序问题存在，即先发地区和后发地区之间的联系与区别。制定区域协调发展战略应该确定正确的发展时序，对不同规模与类型的区域之间协调合理的发展顺序进行符合市场规律的顶层设计，规划发展阶段与推进路线。

总之，从区域协调发展的内涵来看，区域协调发展不仅是目的，也是促进所有区域全面发展的重要手段。贯彻协调发展理念，采取统筹兼顾的发展思路是区域协调发展的实践着眼点。

二、区域协调发展的主要特征

区域协调发展的主要特征如图1-5所示。

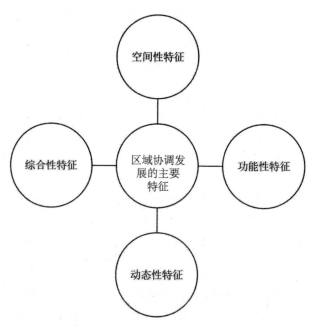

图1-5　区域协调发展的主要特征

（一）区域协调发展的空间性特征

由区域经济理论可知，区域经济是特定区域内经济生产活动及其引出的经济关系的总和。在一国地域范围内，区域是整体范围的一部分，相对于一国整体的国民经济而言，区域经济是国民经济整体分解为局部空间的结果。国民经济的内容既涵盖全产业经济系统，也涵盖全区域经济系统，但在市场经济条件下，产业经济系统融合在区域经济系统中，区域经济系统是国民经济系统的真正子系统。区域经济体系由无数个区域实体组成，每个区域空间实体都有自身的特点和运行规律。这种国民经济宏观管理下的按照地域范围划分的经济实体运行都被看作区域经济运行。区域经济协调发展的空间性特征表明，如果抛开区域与国家的关系而单独看待区域的发展，就会使每个区域空间孤立起来。即使单独计算每个区域空间经济的总量与增长，并简单进行算术加总形成整体经济总量与增长，也只会以简单经济增长值掩盖实际上无数经济关系的对立，结果就会因区域发展外部环境的破坏而阻碍区域持续健康发展。

（二）区域协调发展的功能性特征

区域协调发展的功能性是通过空间区划实现的。空间区划是一国整体地理范围不断分解的结果，每个空间区划就是整体地理范围分解成的一部分。国民经济作为整体地理范围内的经济整体，对其逐层分解可以形成一个个完整的区域经济系统。不同的整体分解方法可以分成不同的经济系统，其中类型区和系统区两种分解方法对认识区域协调发展有重要意义。

类型区的划分依据区域的相同性或相异性关系，即根据区域内的相同性和区域间的相异性来划分，是一种静态排列。类型区的划分需要明确的标识，标识既可以是自然的、经济的，也可以通过主成分法提炼或归纳。类型区在区域经济研究中的重要性体现在，类型区表现出来的是一个区域在自然景观和经济景观的类型差异性。差异研究是区域研究的生命，有差异才有类型。系统区是区域空间之间位置关系和相互作用关系的表现。系统区的划分将地理位置相连的区域连在一起进行研究，不强求自然和经济的统一性，仅研究区域之间的相互联系。因为地理位置上的相连，完全可以将它们看作一个整体进行研究，通过整体着眼，再分解研究整体下的区域部分特征。总之，区域协调发展的功能性要求不同类区域之间的发展关系有互动的过程。在很多条件和时刻下，区域经济发展不能实现和走向协调的原因不是发展本身的问题，而是缺乏必要的带动意识与政策配套。

（三）区域协调发展的动态性特征

在地理空间上占据一定范围疆域是较大范围的地区，其内部各区域经济发展水平在现实中不可能完全达到均衡状态。以人均经济规模来看，一定有些区域经济水平更高，有些区域经济水平更低；从经济增速上看也一样，一定有些区域经济增速更快，有些则不然。国家、省域、市域、县域内都是如此。对具有决策权的市场经济主体而言，资金等要素投入在经济总量和增速更有优势的区域，虽然会获得更高的回报率，但也会加大区域间经济发展的差距；若投入在相对落后的区域，可以缩小区域间的经济差距，但不利于生产要素获得更高经济效益。实际上，区域经济发展都有公平与效率取舍的问题，区域发展无论政策还是激励，以实现区域帕累托改进为目标都是可行的。区域因素地方化是区域发展中的最大问题，造成的结果要么是少数区域的局部膨胀，要么是不顾客观条件的盲目开发。区域的不平衡和区域的均衡并不是自然而然的，而是有其社会和政策背景。要想在强调少数区域优先发展的同时解决发展区域化的问题，就必须对发展战略进行新的调整。区域协调发展对区域发展导向的纠正和干预，目的是树立整体和协调的区域经济发展关系。

（四）区域协调发展的综合性特征

区域协调发展是区域发展问题上科学认识的体现，是区域发展和区域协调的统一，也是区域发展综合性的体现。区域发展不仅是从统计学意义上对整体宏观经济的各自贡献，还要能真正有益于有机整体，也就是看到区域间有机联系的整体。发展的实质是目标与手段、要素与系统、个体与整体、发展与协调的统一，不会破坏区域间的联系与经济关系，而是有益于区域关系走向协调。发展的道理不是只有发展之后才有解决问题的办法，而是发展本身就可以成为促进协调的力量，协调就是发展的题中之义。任何发展都是一定经济关系下的发展，如果将发展与协调对立，或者将协调视为发展之后才能解决的问题，那么区域协调发展的局面就难以实现。区域分化实际上是区域分割式的独立发展模式，经济成果与财富只局限在少数地区，这实际上是一种掠夺式聚集，不断发展只会不断破坏区域经济关系，更不用说协调关系。区域增长极形成后，带动落后区域发展的理念与政策单纯来看并不一定是错误的，但如果仅仅依赖市场机制来实现带动和调节，则增长极的带动效应很难发挥，反而造成两极分化。

第二章 区域经济管理与协调发展的深化

第一节 区域经济管理的模式与方法

一、区域经济管理的模式

区域经济合作可以使生产要素在区域内各国间得到重新配置，其基础是各国经济发展的不均衡性引起的互补性。通过开展经济合作，各国（地区）既可以互补不足，又可以相互提供市场。这不仅有利于各国（地区）扩大生产，增加就业，而且可以提高各国（地区）的经济竞争力，增强经济实力，使相关国家（地区）成为充满生机与活力的经济增长点。

（一）区域经济管理的合作模式

20 世纪 80 年代末以来，随着经济全球化和区域经济一体化迅速发展，区域经济合作模式已经突破了以往那种仅局限在国内区域之间，或紧邻的较小范围、较少地区之间，或发达国家之间和发展中国家之间的合作，诸如发达工业化国家与发展中国家之间的、跨洲的多国多地区之间的区域经济合作组织与模式，形成了更多层次、更多内容、更多交叉的区域经济合作新体系。

由各级政府参与，通过制度建设促进的区域经济一体化已经是当今世界经济发展的一种重要趋势。综观全球，如果一个国家或区域经济不参加区域合作，不仅要承受其他国家区域合作后转移性贸易的损失，而且会失去与其他国家或区域集团竞争的优势，无法在世界经济格局中处于优势地位，更不能获得其他收益。通过参与各类区域合作，建立各种区域性优惠经贸安排，推动区域经济一体化以寻求更大的经济发展空间成为多数国家和区域政府明智的政策选择。加快区域内外合作体系的建立既是区域经济发展的必由之路，也是区域政府实施区域经济管理与调控的重要内容。

1. 区域经济合作中的模式选择

目前在全球区域经济合作中存在许多种模式可供选择，总体而言，有以下三种模式：

（1）制度性合作形态。例如欧盟、东盟、北美自由贸易区等，属于全方位的体制性的紧密型合作机制。全方位是指制度性合作形态包括了贸易、经济、货币、财政、税收以及有关政府政策方面的体制上的整合，它是紧密的、全方位的、体制性的整合。欧盟的经济一体化政策是目前全世界区域经济一体化中最高的形式和最高表现。

（2）功能性合作形态。为实现某个具体目的而进行的多边合作，例如澜沧江-湄公河次区域经济合作等；或是在某个特定领域里的体制性合作，例如"自由贸易协定"（FTA），既是在贸易领域中的一种体制性合作，也是一种比较紧密型的合作。目前，世界上许多国家和地区都应用"自由贸易协定"方式展开经济合作，如著名的北美自由贸易区、东盟自由贸易区（"10+1"和"10+3"）、东亚地中海自由贸易圈、中日韩自由贸易区等。

（3）准制度或非体制性的、松散的区域合作形态。例如，亚太经济合作组织、博鳌亚洲论坛，以及我国"泛珠三角"的"9+2"经济合作模式等都是论坛形式的。

2. 区域经济合作要遵循的原则

无论选择哪一种合作模式，区域经济合作都应遵循以下重要原则：

（1）平等自愿的原则。应遵循平等协商的原则，共同解决合作中遇到的困难和问题。

（2）互利互惠的原则。解决成员共同关心的问题，促进区域经济的共同发展；致力发挥成员的比较优势，促进区域资源的合理配置；在相互投资和贸易中，应做到诚实守信、利益共享、风险共担。

（3）讲究实效的原则。区域经济合作应从实际出发，着眼解决实际问题，务求实效。

（4）循序渐进的原则。应因地制宜、因时制宜、因势利导，有步骤、分阶段地逐步推进区域合作的深入。

（5）市场导向的原则。以市场为导向，以产业为目的，以企业为主体，以人才为核心，以公共环境为平台，辐射拓展区域内外市场。

（二）区域经济管理的转型模式

学者对于资源型城市的定义仍然存在不同看法。一些学者将资源型城市定义为由于资源开发而发展的一种特殊类型城市，资源型城市的经济发展在很大程度上取决于资源型产业的支持。资源型城市的形成来源于资源开发，后续的发展重心也是专注资源生产和加工。

综上所述，资源型城市开发和加工不可再生资源，以此为基础发展资源型产业和相关产业，从而支撑城市的整体经济发展。它们产生于资源，并高度依赖资源，是一种特殊的城市类型。在资源型城市发展中，资源成为经济发展的原动力。与此同时，资源型城市的出现也是工业化和城市化发展进程中不可避免的产物。城市形成在先，资源开发在后，根据这样的先后顺序，资源型城市可以分为以下两种类型：第一种是"先矿后城型"，第二种是"先城后矿型"。

所谓经济转型，是指本地区的经济发展方式可以得到转变，其涵盖面很广，不仅包括经济发展需要的要素，还包括发展方式和增长方式的转变以及经济内部结构的优化。资源型城市经济转型的实质是消除对资源的依赖，调整之前的产业结构，改变以资源及相关产业为重心的原有发展模式，积极发展其他产业，以此来改变对资源的依赖性，促进区域经济的多元化发展，从而实现区域经济的可持续发展。

在一些发达国家中，典型的资源型城市具有悠久的资源开发历史和早期工业化历史，资源型城市的问题随着资源的深入开发而日益突出。国外对资源型城市的经济转型进行了初步研究，根据发展规律，可以将其分为以下四个研究阶段：

第一阶段：1930—1970 年，是理论研究阶段，这一理论研究为资源型城市发展中的经济变革奠定了基础。在这四十年间，加拿大学者英尼斯（Innis）开展了基于加拿大关于毛皮贸易和原材料生产问题的研究，之后，卢卡斯提出了资源型城市会经历的建设、发展、过渡和成熟四个阶段。

第二阶段：1970—1985 年，是资源型城市研究的进化期。第三次科学技术革命的出现使社会飞速发展。在此期间，资源型城市的研究也发生了改变，主要是研究对象的改变。研究学者不再专注单个资源型城市的研究，而是将目光转移到了资源型城市集群。许多学者开始对资源型城市的转变有了更深入的思考。例如，马什（Marsh）开展了一场研究，主要针对生活在美国东北部以煤炭为基地的城市居民，通过探究他们的归属感，发现资源在当地被开发时产生的价值外流。

第三阶段：1980—2000 年，这段时期主要研究资源型城市的经济变化。此时，经济变化引起了经济转型，这一系列改变究竟对资源型社区和资源型城市产生了怎样的影响，这已成为当时学者研究的重点。布拉德伯里通过研究位于加拿大地区的资源型城市的真实情况，对资源型城市的经济该怎么转型提出了有科学参考价值的思考建议。

第四阶段：21 世纪之后，是基于之前研究成果而进一步探讨的时期。国外资源型城市经济应该如何转型的理论研究已经越来越完善，大致确定资源型城市经济的转型方向应该是可持续发展，资源型城市只有实现可持续发展，才能最长远可行。当时，研究学者对位于澳大利亚地区的资源型城市——昆士兰州的经济进行了深入研究，发现了资源型城市发展的问题，着重针对经济转型和劳动力市场问题进行了探讨。例如，马尔基（Markey）在对位于英国北部的内陆资源型城市的研究中发现，当地经济的发展依旧面临着一些问题，区域发展仍然以资源为主要产业。

综上所述，在对资源型城市的研究过程中，无论是资源型城市的产业结构，还是资源型城市的劳动力市场变化，抑或资源型城市的出生到成熟的生命周期，都在逐步深入寻找资源型城市发展中存在的问题，并通过研究结果提出建议和措施，促进资源型城市的可持续性发展。

二、区域经济管理的方法

区域经济管理的方法如图2-1所示。

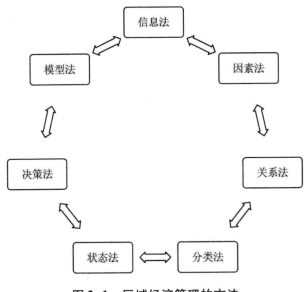

图2-1　区域经济管理的方法

（一）区域经济管理的信息法

信息最早是通信技术上的一个名词。信息论科学诞生后，信息被解释为用符号传递的、接受者预先不知道的情况。客观世界本身就是各种信息的发射源，人们正是通过这些信息来认识世界的。信息是区域系统的重要资源，是反映区域特征的主要手段。离开了信息，就无法对区域产生认识，更无法对区域进行研究和规划。对有关信息进行采集、处理和利用是开展区域经济管理必不可少的过程。

（1）确定正确的信息采集方法。区域信息包罗万象，覆盖面极广，必须对其进行筛选，选取最具有影响力和代表性的信息。这是充分利用信息的必要前提。

（2）信息处理。信息在未处理前，还是一大堆纷繁复杂、彼此间联系松散的片段资料和数据，必须对其进行有效处理，使之简明扼要、条理清晰。这是利用信息的必要的中间过程。

（3）信息传播。采集处理后的信息已经具备一定的利用价值，必须借助迅速可靠的传播媒介和传播手段将消息传递到区域研究、决策、规划、管理、建设等部门，乃至广大市民阶层。这是真正利用信息的正确途径。

（4）信息利用。信息的利用是整个问题的核心。在对重大问题做出决策时，各区域经济的决策、规划、管理、建设等部门必须加强对信息的自觉利用。

（5）信息管理。信息的采集、处理、传播等应专门化、规范化、标准化，国内统一联网，并应争取与国际信息体系接触。这是进行区域经济研究和管理的重要保证。

（二）区域经济管理的因素法

因素对于事物的发展有着重要影响，它是事物本质的组成成分，对事物的特征和运动方式起着决定性作用。要揭示区域事物的本质，就要认真分析与之相关的各种因素，以便对其进行正确规划。可以根据各因素作用的强弱、范围的大小，将其区分为以下类别（如图2-2所示）

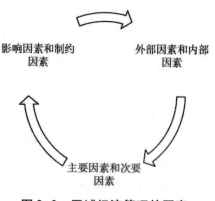

影响因素和制约因素　外部因素和内部因素　主要因素和次要因素

图2-2　区域经济管理的因素

1. 主要因素和次要因素

在事物的形成与发展过程中，各个因素的重要程度是存在差异的。可以根据各类因素发挥作用的强弱以及影响范围的大小，把因素细分为主要因素和次要因素。主要因素在事物运动过程中具有决定性作用，它对事物的本质有重要影响，次要因素不对事物发展产生决定性影响。在认识和管理区域经济过程中，要先辨明构成区域的相关因素，区域本身具有非常复杂的特性，再加上因素又有主次之分，人们在认知这些事物时并不需要以相同的态度面对所有因素，只需学会分析判断影响区域发展的主要因素和次要因素即可。

例如，为了反映区域"经济增长"，首先必须根据"经济规模增长"概念的含义，罗列出所有与"经济增长"有关的因素与指标；其次应对各指标赋以不同的权重，以反映每个因素在"经济增长"这个问题中的地位与作用；最后才能进行进一步的计算和分析。由此可见，权重是对某一问题所包含因素的重要程度的判定，也可据此判别主要因素与次要因素。

2. 影响因素和制约因素

影响因素和制约因素对事物发展的影响程度不一样，前者是所有与事物发展有关的因素，而后者在事物发展过程中发挥着决定性作用，它对事物的特征、运动方式和运动速度都起到重要而直接的作用。

在管理和发展区域经济过程中，需要辨明区域发展的影响因素和制约因素。影响因素与事物发展的各个方面都有关联，而制约因素对事物的发展具有决定性作用。例如，在规划重要产业的布局时，它的影响因素包括资源分布条件、自然地理条件、交通条件、工业分布条件、原有生产力布局的基础、科学技术发展的水平以及人口分布条件等。但对于一个特定的区域，在一个特定的历史时期内，在以上这些影响因素中，将有若干个属于决定性（制约）因素，其余则为从属因素。由此可见，科学地划分和区别影响因素及制约因素是非常重要的。

3. 外部因素和内部因素

对外部因素与内部因素可从空间意义与一般意义两方面去认识和理解。就一般意义而言，事物的外部因素是指对事物发展过程起着间接、次要作用的因素，内部因素则是对事物发展起着直接、重要作用的因素。而从内部来考察，一个系统的运动情况来考察，要受两方面的影响：一是组成该系统的各个因素的素质、质量情况；二是这些因素之间关系的协调程度。

例如，在研究城市综合效益水平的影响因素时，就会发现城市职能特征、城市人口规模、城市用地规模是影响城市综合效益水平的外部因素；而城市活动能力、城市组织效应则为影响城市综合效益水平的内部因素。城市活动能力即城市系统各元素质量和素质的总和，而城市组织效应则为系统各元素之间不同的协调程度对系统整体运动产生的不同反应和效果。

如城镇地区的发展就与外部区域经济条件和环境息息相关，这些外部因素影响和制约着城镇地区的发展，这些因素包括该地区的资源条件、生态环境、人口、交通以及生产力发展状况等，这些是城镇发展的外部因素。而城镇发展过程中所经历的发展阶段和社会经济发展总体状况，以及相关的建设条件等属于城镇发展的内部因素。构成城镇发展的内部因素与外部因素是相对的，它们之间的区别就是包含的范围不同。

（三）区域经济管理的关系法

关系是事物互相作用和影响的结果，是事物之间所有性质相互连接的总和。在认识事物时，人们一般采用分析和剖析事物构成元素的方法。但是如果要辨别事物，就要认真分析事物之间分属的不同类型，在此基础上对事物产生一定认知。了解关系分析方法需要从以下方面着手：

1. 函数关系和相关关系

函数关系，也叫因果关系或确定性关系。相关关系是因素之间具有不完全的因果关系和非确定性的关系类型。在自然界中，相关关系占据主要地位，具有相当的普遍性。在区域经济管理中，许多因素之间的关系类型就具有明显的相关关系特征。如城市人口与城市用地、城市人口与城市交通量、工业产值与工业耗水量、工业产值与污染程度、城镇化水平与地区综合发展水平等皆属此类。

2. 独立型关系和非独立型关系

独立型关系是指构成事物的因素相互之间没有关联，也不能互为代表，是彼此对立的个体存在；非独立型关系是指构成事物的因素之间互相联系，互为依赖，彼此之间存在一定程度的融合度。各因子非独立型关系决定了可以根据因素对事物予以区别，进一步说明了联系型关系可以挑选出代表事物发展的相关因素，用于区分事物性质，在很大程度上降低了工作量，同时又不对结果产生影响。独立型关系的因素因其既不能代表他者，又不能被他者所代替，故不可省略和忽视。在评价区域发展状况时，可以根据相关问题的重要性列举出各评价因素，然后据此判断所有因素的性质。其中，独立型关系的因素要保留不能省略，非独立型关系因素需要从中挑选出具有一定代表性的因素，这样就能降低工作量。

3. 交叉关系

交叉关系是指事物互相影响与作用的方式以及方向以相互穿插和重叠关系存在。根据交叉理论构成的系统因子，如果变为互相交叉关系，需要该系统所能达到的程度是其因子互相作用的结果；如果其中一个因子保持不变，其产生的效能就呈现饱和状态，不会再提高。

根据相互交叉关系原理分析区域发展产生的效益，可以得出区域产生的综合效益并不是简单地将环境效益和经济效益以及社会效益叠加起来。区域综合效益既包括环境效益、经济效益以及社会效益因素，也包括三种因素相互作用形成的新事物。

以上三种因素的自身水平以及相互交叉作用的结果决定着区域综合效益。需要强调的是，上述三种因素即使是最弱的部分，也会制约区域综合效益的水平。

（四）区域经济管理的分类法

分类分析法或类型分析法就是将所有具有相同特征的事物归纳起来，以便于区分其他种类。实际上，分类也是判定事物所述类型以及区分事物差异性最常用的方法，学科研究时会经常用到分类方法。

虽然科技以前所未有的速度向前发展，但是这种方法仍然得到广泛应用。例如，笛卡尔根据分类原理深入研究曲线，并将其分为机械曲线和几何曲线，使曲线的研究更加深入。再如，在研究生物过程中逐渐形成很多研究方法，在每个历史发展时期都有一些方法起到带头作用，这些方法的产生对研究生物起到了很好的促进作用，这些方法中就有分类方法。从生物学的发展历史来看，分类是将大量生物种类条理化、系统化，为生物学的进一步研究创造了条件。

研究区域经济或城市经济过程中经常会用到分类法，这是因为这些方法不仅能从多个层面认识城市发展现状，也是深层次研究比较重要的基本方法。例如，分析构成区域的结构时就需要从不同层面进行分类，如经济发展结构、土地结构、交通结构、人口结构、显性以及隐性结构、上部以及下部结构、内外结构等。又如，管理城镇过程中也需要根据一定类别进行分类，如根据城镇发展规模、地理位置、不同的历史阶段以及城镇职能等因素划分类型。

（五）区域经济管理的状态法

事物发展的状态通过事物的发展水平、发展程度、发展阶段、发展强度、发展密度、发展速度等方面得到体现和反映。就发展水平与发展程度而言，事物有高、中、低的差别；就发展阶段而言，事物一般经过生产、低速成长、快速增长、鼎盛、下降、衰亡（复苏）等循环过程；就发展强度、发展密度、发展速度等而言，事物都有从大到小、从高到低、从快到慢的变化。

在许多情况下，事物的状态可由事物的特征得到较为完整和全面的反映。特征具有优、劣之分，前者反映了事物好的方面，后者则相反。特征也有特殊性和普遍性之分。事物的发展状态只有在一定的参照系中才能被人们所认识，参照系有两类：一是事物以其自身以往状态作为参照，从而得出现今状态与以往状态的差异；二是事物以周围范围、其他层次作为参照系，将自身状态与这一参照系做出比较，然后得出自身状态现行特征。

从发展角度来看，事物的现行状态既是其以往状态的积淀所致，又对其今后发展的趋势产生重要影响。把握事物现今状态的特征是预测及设定其未来发展轨迹与发展状态的必要途径。

分析和管理区域经济的实质就是认定区域发展具体情况以及具体表征。例如，规划特定区域时，分析其曾经的发展过程就是对其历史的某个阶段的发展状态进行表征。而分析区域发展现状就是认定其目前的发展状态，设计区域未来规划就是预测其以后的发展状况。

（六）区域经济管理的决策法

决策是事物发展过程中最重要的因素。只要存在改变世界的动作行为，就会有相应的决策产生。与决策行为密切相关的决策因素包括决策模式、决策技术以及决策程序。决策模式是人们对决策行为全过程的总体框架的把握，决策技术是完成决策行为的必要保证，而决策程序则是决策全过程实际进行的具体步骤（图 2-3 所示）。

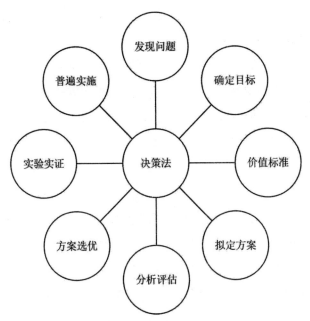

图 2-3　区域经济管理的决策法

1. 发现问题

产生问题的原因就是实际情况和预计情况有所差别。决策工作是问题出现以后开始的。出现的问题不同，其判别标准也就不一样，上下层之间的标准不能相互抵触。

发现问题可用多种方法，除以上因素、关系、类型、状态等方法外，比较也是常用的方法之一。比较是就两种或两种以上事物辨别异同或高下的方法。在现代分析研究方法中，比较方法已发掘出许多其他方法所无法揭示出的现象和规律，它给出的论据相对最具说服力。许多科学新论的确定、旧论的否定常常是通过比较方法来完成的。近年来，比较分析方法具有很强的通用性，被广泛运用于自然科学和社会科学领域，并且形成了门类众多的比较学学科。在区域研究与区域规划中也广泛运用了比较方法。

比较方法有纵向和横向两种，纵向比较是沿着时间顺序，在发生发展程序上对事物的异同点进行比较。纵向比较具有较强的动态性、趋势性和预测性。横向比较是指在同一时间刻度上对不同对象的比较，它切取的是事物的横断面，寻找的是各个事物之间的差异。

2. 确定目标

确定目标是整个决策过程中最重要的环节，直接影响着整体决策流程。目标就是根据相应的条件和环境预测希望完成的结果。它的特点主要有三个：计量结论、预测出现的时间以及责任认定。

3. 价值准则

价值准则的实质是目标厘清，使其成为选择和评价的主要依据。价值准则包含以下三个方面的要素：

（1）细分目标使其成为有研究价值的指标体系。在多大程度上实现了这些目标，就能评价达成预计目标的程序。所有指标都可以细分为很多项，每项又包含很多条，最终构成一个整体的价值体系。

（2）根据不同目标，将这些指标分清主次关系和缓急关系，要事先规定好取舍原则。在通常情况下，要使整个体系实现规定的价值目标是有一定难度的，规定合理的取舍原则对最后得到满意决策是很重要的。没有预先设计好主次关系和缓急关系的取舍原则也是不能实现目标的。这一过程中也要掌握既定原则，一旦原则失当，过程就会偏离决策目标，这样产生的后果就会变得非常可怕。

（3）规定达成目标的制约因素。所有决策都必须满足一定决策条件，不能没有原则地任意设置。虽然设定的目标以及价值指标都符合要求，但是如果没有制约因素，就会适得其反。制约因素包括资源、决策范围以及限制完成时间等。在做出决策时，必须根据价值准则做出判断。没有适当的准则，就不可能产生好的决策目标，甚至有时会出现严重背离目标的现象。

4. 拟定方案

方案是实现目标的方法和路径。必须经过鉴别才能判断方法的有效性，因此，有必要事先拟定多种方案。所有方案必须有根本性区别，不仅表现在细节的变化上。

5. 分析评估

分析评估就是根据需求建立合适的数学模型或物理模型，然后对其分析得到解决方案，最后做出评估。在这一过程中，可以根据决策技术和可行性分析方法找出各种方案的优缺点，在经过详细对比后，按照严谨科学的原则将其表达出来。

6. 方案选优

方案优选就是将事先准备好的多种方案进行利弊分析，然后根据需要选择其中一个，或者将各方案优化综合成一个方案，这项工作非常细致复杂。这是因为最终确定的方案并不能恰好适应项目的每个指标，可能对一部分指标有很好的作用，但是又必须同时照顾到另外的指标，需要依靠决策者的经验、素质进行权衡。

7. 实验实证

确定方案后需要进行小范围实验，目的是检验该方案的可行性，这种方法叫作试点。这个过程要按照科学的方法和步骤稳步推进，只有这样，才具有实际价值。简单机械地寻找一个办法进行验证是不科学的，而为项目设定特定条件进行实验也是片面的，没有参考意义。实验必须在正常情况下根据事先既定的科学方案稳步实施，还要进行对照实验，以便得出科学有效的结论。有时，盲试也是非常必要的，即在没有事先通知的情况下检验项目的可行性，可以有效避免人为主观因素的影响。一旦试点取得成功，就可以扩大范围进入全面实施阶段，如果这个过程中出现问题，就要及时反馈，然后根据情况科学修正。我国实施的很多改革措施都遵从小范围试点，然后大面积实施，最后全面铺开的步骤。

8. 普遍实施

普遍实施是整个决策过程的最后环节，经过前段实验的验证，项目已经具备一定可靠性。但是并不能确保实施过程没有任何问题，仍然会出现一些和目标背离的情况。由此可见，要建立过程追踪制度，强化反馈效果，主要内容应包括：根据实际情况制定相应的规章制度，以制度规范进程，并及时纠正出现的各种问题。追踪过程中一旦发现主观条件出现较大改变，必须在修改目标时进行追踪决策。

（七）区域经济管理的模型法

在一定程度上，模型是人们认知事物的有效方法，是对认知层次抽象而总结性的概括。模型是对未知现象进行分析、探索的步骤和方法，也是一种行之有效的整理思路的科学方法。建立模型的方法有很多，既根据数学方法建立模型，也可以采用分析图、构思图、流程图等方式绘制模型。根据实践经验，在结合实际情况的前提下，模型方法能够进一步拓宽思路，聚焦关键问题，及时观察并分析事物运行状态和发展趋势，从而得出相应结论。

实践中采用数学模型必须先建立相应的问题公式，然后输入数据以检验模型运行是否正常。待模型运转正常后，认真观察运行状态以及出现问题的性质，从而加深对这些现象的认知。在这一过程中，建立适当的模型是解决问题的关键。只有模型精准，才能得出有价值的数据，才能确保由此得出具有实践意义的结论。

以城市模型为例，可将现代城市模型分成四类：描述性模型、预测性模型、探索性模型和标准性模型。描述性模型反映的是城市的实际状态；预测性模型旨在通过城市已有状态推知城市发展的未来状态；探索性模型旨在发现城市除目前状态之外的另一些逻辑上可能的状态，如采取不同的产业政策、就业政策将会对城市的发展产生怎样的后果等；标准性模型反映的则是城市的理想状态。依据建立城市模型所运用的思维方式，可将它们分成静态的、动态的、决定性的和非决定性的四类。静态的城市模型一般采用线性代数的方法来探索城市空间中各类社会经济因素的相互作用关系。动态的城市模型采用动态的方法研究城市中各类积累变量在一定控制因素作用下的变化情况及通过反馈环形成的相互作用关系。决定性的模型遵循了严格决定论的思维模式。一定的原因必然产生一定的结果。非决定性模型则采用概率论和模糊论的方法加以建立，把城市各因素的相互作用看作一种概率分布或随机分布，进而对城市发展做离散过程分析。

第二节　区域经济管理的组织与机制

一、区域经济管理的组织原则

区域经济管理组织是指执行区域经济宏观管理与调控职能的具体机构设置。其任务就是迅速、正确地处理区域经济发展中出现的各种问题，通过各种宏观调控政策手段如区域投资政策、区域财政政策、财政转移支付制度、区域金融政策、区域产业政策等组织和引导区域经济的发展方向，协调各区域之间和区域内部各个方面的关系，以实现区域经济发展宏观管理与调控的目标，保证区域经济协调发展，把区域经济发展差距缩小到最低限度，实现各区域的共同富裕（如图2-4所示）。

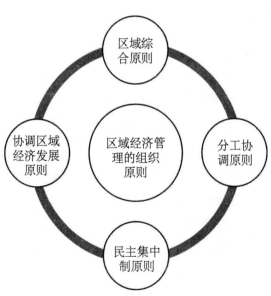

图2-4　区域经济管理的组织原则

（一）区域综合原则

在区域经济管理活动中，应把整个区域经济看作一个系统，区域内的人、财、物、部门和企业在一定的经济发展目标下组成一个综合体。把握区情，并着力综合管理应当是区域经济管理的首要原则。贯彻这一原则，必须体现以下特性：

（1）区域性。世界上不会存在两个"区情"绝对相同的区域，区域经济管理必须以把握"区情"为前提。要对区域经济条件与背景、优势与劣势、现状与特点、经济发展阶段等进行深入剖析。忽视"区情"的区域经济管理，必然带有盲目性，并给区域经济的发展带来危害。

（2）综合性。区域内的诸经济要素是相互作用的综合体，区域管理绝不能顾此失彼，而是要实施全方位的综合性管理。

（3）层次性。区域经济管理本身的综合性与复杂性决定了必须分层次来进行管理。上一层次不得随便干预下一层次的正常管理活动，下一层次必须向上一层次负责。如果层次不分，权责不明，相互干扰，就会影响区域经济管理效益的提高。

（二）分工协调原则

区域经济管理属于中观经济管理活动，要注意临界关系，要加强上下左右的协调。区域经济管理的横向协调要求不能只看到自身发展，而是要树立"统一整体"思想，顾及周围地区的竞争与渗透；区域经济管理的纵向协调要求既要顾及国家利益，又要顾及下面各个层次地区及各企业的利益。区域经济管理组织机构既要明确分工，又要互相衔接、沟通和协调。

（1）为了促进区域经济管理效率的提高，就需要在区域内实行明确的分工，并在分工的基础上实行有效的综合与协调。如果没有分工，则区域整体只能处于一种松散杂乱的状态之中，不能构成一个有秩序并充满活力的区域系统，也就不会有较好的区域管理效果。分工主要是指决策调控权的分工，主要是决策调控权在各管理层次之间的合理分工。决策调控权应当由哪个机构、哪一级掌握和执行最有效率，就归属哪个机构、哪一级。该集中的集中，该分散的分散，明确划分决策调控范围及其相互衔接关系。

（2）沟通就是各组织之间以及调控组织与区域之间畅通无阻地交流，彼此了解意图和情况，保证调控组织既按横向又按纵向协调一致地发挥功能。

（3）协调就是使各调控组织及其内部各职能部门之间能够分工协作，如国家发展和改革委员会、财政部、税务总局、中国人民银行总行等各司其职，各负其责。协调一致，统一行动有利于发挥区域经济发展宏观调控组织的整体功能。

沟通是协调的手段，协调是沟通的结果。沟通是求得思想上彼此了解，协调则是求得行动上一致。贯彻协调原则，对于区域内各地区、各行业的发展不能搞均衡化，而是要有侧重点，同时要做好"内联外引"，即在区域内部实行以专业化协作为基础的经济联合，积极组织引进区域外部的先进技术、设备、管理和资金。

（三）民主集中制原则

在区域经济管理中，必须坚持民主集中制的原则。随着社会生产力的不断发展，社会分工越来越细，产业、行业、企业之间的依赖关系不断增强，影响管理的因素显得更加复杂多变。为减少决策失误，区域经济管理必须有一套强有力的民主监督机制，这一机制要有利于调动积极性，避免盲目性。

在区域经济管理中，决策固然是一项重要的工作内容，但更多的却是日常、具体的指挥、协调和控制。为把区域内部广大人民群众的思想意志统一起来，为保证区域经济发展目标的顺利实现，就必须建立一个有权威的、集中统一的区域日常管理组织系统，行使区域管理的指挥、协调职能。可见，区域经济管理不仅需要民主机制，更需要集中机制，从而做到民主与集中的有机结合。

（四）协调区域经济发展原则

协调区域经济发展是政府包括中央政府和地方政府在内的各级政府的重要职能之一。现代市场经济是一个复杂的系统，不同地区、不同部门的经济运行具有不同的特点和规律。特别是我国地域广、人口多，不同经济地带和同一经济地带的不同地区在地理条件、资源状况、区域经济技术发展水平和商品经济发展程度诸方面差距很大，我国区域经济管理要实行中央和地方两级管理。

1. 中央政府在区域经济管理中的定位

中央政府对区域经济的管理包括两个方面：第一，中央政府通过对需要重点发展的区域在人力、物力、财力等方面给予直接支持，直接干预区域经济的发展；第二，中央政府运用政策和法律手段间接地对区域经济的运行进行调控，使之向着设定的目标发展。如果地方认为中央的经济发展规划与本区域所追求的经济发展利益相吻合，就会积极参与和支持中央政府经济发展规划的实施；相反，如果中央政府提出的经济发展规划与本区域的经济利益目标相脱节，那么地方参与中央政府经济规划实施的积极性就低，甚至不合作，这样中央政府就很难实现对区域经济发展的宏观调控。

2. 地方政府在区域经济管理中的定位

地方政府的管理职责主要体现在：根据本地区拥有的自然资源条件、社会经济基础条件和发展的外部环境，经过科学缜密的分析，提出本地区的长远和全局发展规划，并以此为依据，在市场竞争日益激烈、对外开放不断深入的条件下，发挥区域优势，改善地方投资环境，提高区域竞争力，加快区域经济发展；积极协调与其他区域的经济关系，开展政府间的区域经济合作，建立区际分工，推动区域间的经济协作与横向联合；积极组织和推进本区域经济市场化改革，特别要提高政府行政管理的效率和水平，包括政府的办事效率，以及政府对地方经济事务的调控能力和组织协调能力。

3. 中央政府与地方政府的协调配合

在社会主义市场经济条件下，各种资源在运动中受最高回报率的驱动，只会向高效益的区域和部门流动，这必然导致区域经济发展出现差距乃至两极分化。而社会主义制度要求区域经济发展的差距要控制在一定限度内，对此，中央要有权威，国家要有政策。

地方政府在区域经济管理中应服从中央政府的调控。这是因为，一方面，在发挥地方政府参与经济决策的积极性、强化区域经济发展的省区调控过程中，由于信息传递、决策效率和经济运行停滞等多方面因素，各省区经济运行的方向会时常偏离中央政府的政策目标；另一方面，在地方政府拥有相对独立的权、责、利的前提下，地方政府的调控行为有可能受地方利益的驱动而违背中央政策的目标导向，从而影响或破坏国民经济的全局利益。这就需要中央政府的管理与调控来及时纠正地方政府调控中的失灵与不当行为，以缩小和消除实际运行与经济目标之间的偏差，促进区域经济协调发展。

中央政府的管理与调控应该结合实际情况，尊重地方政府所代表的地方利益的客观性、合理性，以利于充分发挥地方政府的管理与调控。区域经济发展差距的存在和变化也促使各地方政府不断调整自己的经济行为，维护本地区的经济利益，成为各地方政府遵循的基本原则。总之，中央政府实施区域经济管理需要地方政府的积极支持和配合。中央政府通过职能的分解和调控的分工，赋予地方政府相应的经济责任、经济权力和经济利益，使地方政府的经济职能与中央政府保持一致，同时让其拥有行使职能的独立性。

二、区域经济管理与合作组织机制

区域经济一体化是当今世界经济发展的潮流之一，通过建立优惠经贸安排，寻求更大的经济发展空间已经成为大多数国家和地区的重要政策选择。区域经济一体化呈现迅猛发展的局面，这表明未来发展更加注重跨行政区的空间经济布局，中国经济空间格局将从过去的省域经济走向区域经济。

区域经济一体化的趋势客观要求区域经济管理组织与机制，突破以行政区划为单位组织经济活动的传统模式，按照市场经济的要求在区域内配置资源，从而实现有效的分工与合作。这一趋势呼唤着推进区域经济一体化的有效的制度安排和组织变革，培育新的区域经济管理与组织机制。

最终，虽然区域经济一体化是由市场来推动的，但是政府在前期的推动作用尤为关键。政府在新的区域经济管理与组织机制的构建中扮演重要角色。区域经济合作制度的制定和实施需要中央和地方各级政府共同推进。通过区域内各成员建立协议，并由特定的一体化组织管理机构加以指导，以及按照明确制度安排的一体化过程是区域经济一体化从功能性经济整合转向制度性经济整合的重要特征。中央政府在区域经济合作中可以扮演协调者的角色,有责任协调区域经济合作中出现的矛盾和利益冲突。

新的区域经济管理与组织机制应基于科学的经济区划,中央与地方政府部门均在其中发挥相应的作用。具体做法如下:

(一) 支持建立相应的组织机制

在相关利益方(主要涉及区划内各省级政府)的共同意愿下,对应每个特定经济区域,通过三种方式设立特定机构:第一,国家有关部门出面设立且各个地方政府参与;第二,相关利益主体自行决定并设立;第三,国家参与,但只是作为旁观者,其设立仍需利益主体自行决定。这些特定机构并非政府的常设机构,仅仅是政府部门的内设机构代理,不能作为正式机构,其活动经费更不能占用国家或地方政府财政支出,只能自行分摊或是寻求社会帮助进行解决。其基本职能如下:合理规划和科学指导该特定经济区的区域合作,如提出有关概念性规划、编制区域合作框架等;预先评估区域内的重大经济社会活动,为相关利益者决策做支撑;保障区域外投资者相关利益和帮助解决矛盾纠纷;定期交流沟通反映情况并及时发现问题等。

(二) 鼓励成立书面的合作机制

例如,对于某些跨行政区域且与政府相关的投资活动、人才互换或者贸易交流,为保障各方利益,可以商议成立并签订政府间协议,这些协议与政府信用有密切关系,在今后的执行中必须保证其公信力。在中国改革开放的时代背景下,在我国不断探索完善中国特色社会主义市场经济制度的道路上,区域经济发展是必然选择,是能带领中国经济全面走向繁荣发展的必由之路。目前中国进入了一个以区域板块在经济舞台上"领衔主演"的时期。

在经济一体化过程中,目前以泛珠三角、长三角等为代表的区域面临的最大障碍就是要打破行政和地区壁垒,构筑相对统一的政策平台,以实现资源的优化配置;建立行之有效的区域协调机制,加强区域统筹管理,自觉进行互补协调,进行真正的平等交流与合作。

三、区域经济发展中的创新机制

（一）区域经济发展的创新动力

推动区域经济发展的主要动力有三个，分别是经济发展的要素、相关发展资源的投入、发展战略创新。不同的发展动力在区域经济发展的不同阶段发挥了自身最大的效用。目前，在区域经济发展过程中，相关发展要素以及资源投入呈现逐步递减的趋势，也正是由于此现状，经济发展战略的创新逐渐成为推动区域经济迅速发展的主要动力。无论是企业生产手段的更新，还是民众消费需求的变化，都会引起区域经济发展方向的变动。这就与"创造性毁灭"等相关理论所阐述的内容保持一致，即要实现经济的迅速发展，离不开生产要素的打破与重组。当前，战略创新已经在部分地区得到应用，其不仅为技术发展提供了创新，还由政府出台相关扶助发展的政策，为区域经济的发展提供了有力的体制保障。例如，将互联网信息技术应用于区域消费，更新民众的消费方式，通过消费拉动生产，将消费与生产结合在一起，建立统一发展战线，从而发展"生产+消费"型经济，最终实现区域经济效益不断增长的发展目标。

区域经济发展战略的创新主要得益于三个方面：横纵空间动态区域网络的创新、人力资源开发以及利用手段的创新、建立健全的区域发展创新体制。

网络信息技术应用于区域经济的发展中，在便捷化网络服务的辅助下，形成一种厂与店的发展模式，将生产与消费无缝衔接在一起，从而提高经济发展要素之间的联动性，扩大区域经济发展的规模。同时，发展区域经济十分重视人力资本，主要是高知识技术型人才的需求非常大。而在创新发展体系的建立中，主要针对技术以及相关管理制度方面进行创新。建立相关创新体系，给企业生产以及民众消费提供便利途径，为区域内经济的发展提供技术支撑，从而改变市场隔断的情况，实现多地区无壁垒的市场交易，增强市场之间经济要素的流动。该体系的建立还在一定程度上促进了各地区协作发展，既能够进一步扩大区域经济的发展规模，还能够提高企业产出产品的使用价值。

（二） 区域经济发展的创新问题

（1）管理机制的不健全。随着区域经济的发展，技术创新成为各个区域内部发展的首要任务，但是技术创新的速度不断加快，以至于区域内并未实现对相关技术的优化管理，使技术资源无法得到科学合理的配置，反而会引起区域间的发展不平衡，也会使市场与市场之间形成技术隔断。相关管理部门一定要发挥好宏观调控的效用，在市场发展中建立起合理有效的创新资源配置机制，以此来实现各区域内技术资源的共享共用，在一定程度上避免资源的浪费和过度消耗。

（2）创新方式的不持续。在全球区域经济发展的趋势下，不同地区的经济发展特点是不一样的，不同地区在发展本地经济时，主要以各地区的优势条件为依托，发展地区特色产业。但是在实际发展中我们可以看出，地区施行的创新技术并不能够保证长效使用。虽然我国部分地区经济赖以发展的技术实现了创新，但是却不能够将各个地区的发展实况联系起来，以至于经济发展失去了现实基础，且区域内的生产与消费结构也未能实现联动发展。区域内的产业价值无法得到实现，以至于企业自主创新的水平一直得不到提升，最终无法促进区域经济实现可持续性发展。

（3）支撑体系的不配套。要实现区域内经济的不断发展，就离不开经济发展相关资源的投入，如技术型人才、生产资金、科研技术等资源。在加大以上这些资源的投入力度的同时，还要建立起与之相匹配的管理机制，由此为资源的合理配置与利用提供坚实的基础保障，从而提高经济发展资源的有效利用率，不断推动中小企业的内部管理机制以及生产技术的创新。但是目前的相关体系并不完善，以至于并不能支撑起区域经济的发展。

与此同时，区域内关于知识产品的保护机制也不够完善，目前的区域经济发展中，中小企业的发展面临着两个问题：第一，企业注册资金数额过大；第二，企业关于知识产权的维护费用负担较重。以上两个问题影响着中小企业的持续性发展，在一定程度上限制了企业的发展积极性。区域经济发展亟待解决的问题是完善知识产权的保护机制，推动区域创新体系的革新，最终实现域内经济持续性发展。

（三）区域经济发展创新机制的完善

实现区域经济的快速发展还需要综合利用各方经济驱动要素，主要有企业之间良性的竞争机制、大量高知识技术型实用人才、流动性大的交易市场、完善的金融机制、合理的经济政策以及各要素协调发展的法治环境。将以上经济发展的驱动因素与当地发展的实际情况相结合，从而推动我国区域经济发展创新机制的完善（如图2-5所示）。

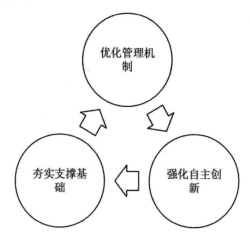

图2-5　区域经济发展创新机制的完善策略

1. 优化管理机制

科学合理的管理机制是区域经济发展不可或缺的推动力之一。区域内经济发展要素的流通速度在很大程度上决定了区域内经济的联动发展。同时，加快区域内经济发展体系的革新，使得市场优化的同时，也会促进各区域之间的交易往来。同时，将区域内生产技术的创新成果转换成促进经济发展的实际要素，制定与其相关的奖惩机制，使在转换过程中贡献突出的人员获得一定奖励，在技术的研发与应用上形成一种鼓励机制，以此发挥技术创新的衍生效应。

2. 强化自主创新

区域经济的发展必须要以区域内相关企业的自主创新为依托。所谓企业的自主创新是指仿照经济发展的相关技术，使其成果应用于企业自身的一种创造性活动。企业自主创新的范围逐步扩大，既可以是新的经营理念、新的管理机制，也可以是新的投资项目。企业通过自主创新，进而实现自身生产发展的转型升级。当前的经济发展中，互联网技术的加持为区域内各大中小企业的经营发展提供了一定便利，还扩大了经济发展的空间维度。借助互联网信息技术开展线上线下的商业活动，促使企业最大限度地发挥自身优势条件，聚焦各要素之间的发展创新，从而推动区域内经济发展体系的完善，打造地区特色产业。除此之外，区域经济的发展不仅需要技术创新，还需要相关管理制度与体制的创新，这就需要政府有关部门出台相关政策，为经济发展提供一个相对宽松的环境，从而明确经济发展中各机构之间的责任与权利，实现区域内中小企业的自主发展。

3. 夯实支撑基础

区域经济发展除了技术支持以外，还需要政府政策的扶助，这就要求各地区结合自身发展实况，加强与其他各地的交流，逐步完善本地区的管理机制以及企业的经营体系。在产业发展过程中，通过建立产业带，实现相同产业之间的协同发展，从而推动区域经济的持续性发展。另外还要加强企业技术创新的保护机制，将企业技术的创新成果应用到实际生产中。这就要求国家进一步改革知识产权的相关法律，鼓励企业以及政府主动维护知识与技术的创新，最终实现区域经济的迅速以及长效发展。

第三节　区域经济协调发展的政策趋势

中华人民共和国成立 70 多年来，采取了一系列重大的区域发展战略与政策举措，切实缩小了区域发展的差距，增强了区域发展协调性，取得了显著的成效。但是，实现区域协调发展仍然任重道远。党的十九大报告提出要"实施区域协调发展战略""建立更加有效的区域协调发展新机制"，明确了实施区域协调发展战略的主要任务和战略取向，将区域协调发展战略提升到党和国家事业发展全局的高度，对于增强中国区域发展协同性、拓展区域发展新空间具有重大的战略意义。展望未来，中国区域经济发展政策将不断丰富和完善。

一、区域协调发展机制的创新优化

促进区域协调发展是经济发展的重点工作，如果要增强区域发展的协同和完整性，那么深化体制机制的改革和创新就势在必行。中国共产党第十九次全国代表大会的报告强调了建立新的、更有效的区域发展机制的必要性。国务院印发了《关于建立更加有效的区域协调发展新机制的意见》，部署了新的、更有效的区域协调发展机制，在文件中强调要将区域协调发展推向更高水平。当前，中国的区域发展战略强调"带头"和"协调"的作用，更加注重将区域发展的"两极分化效应"转化为"扩散效应"，加强区域发展的协调。为了更好地展示扩散效应，未来，中国的区域发展将不可避免地以体制机制创新为动力来促进区域合作发展，并加强建立区域合作发展体系，共同解决系统性问题。通过这些做法，可以进一步建立更紧密的区域关系。

为了完善区域合作发展机制，应将市场机制的作用进一步发挥出来，促进区域之间生产要素的有序自由流动和空间分布，优化和整合区域发展中的生产要素，促进区域经济分工与合作，加快在全国范围内建立统一、开放、竞争、有序的市场体系，完善市场综合开发机制，加强区域资源配置速度，并促进协调和区域发展。区域合作机制需要进行深入的创新和发展，在实现了优势互补、互利共赢之后，在区域之间开展更多层次、多态、多个发展领域的合作。它进一步支持组织保障，加强融合和落实区域合作政策。在进行调解、利益分配、信息共享这些内容上加强机制创新，继续完善区域共生与合作体系。除此以外，进一步加强对东北中部和中西部地区的支持体系，促进对这些地区资金和业务支持，加强对于教育、技术和人才成长的经济支持。为了增强欠发达地区的自我发展能力，加深双方对单方面利益的反应支持，形成更积极的区域互动的新局面，应完善区域间补偿机制和利益平衡机制，继续探索机制创新，促进上游、中下游生态保护补偿，进一步协调资源开采区和资源利用区之间的利益，以及各个地区之间的利益平衡。

二、绿色发展理念融入区域经济协调发展全过程

中华人民共和国成立 70 多年来，中国的经济发展已经有了翻天覆地的变化，从当初的工业文明到生态文明，区域经济已不再单纯追求快速增长，而是转变为高质量发展。绿色发展已成为当地经济高质量发展的重要观念，绿色发展不仅是提高区域发展质量的重要方式，还是评估区域发展质量的关键指标。

当前，全球环境治理进入了一个新阶段，全球经济正在朝绿色转型发展，中国的绿色转型也进入了快速发展时期。未来，人们对生态环境的要求将越来越高，建立绿色、循环、低碳的发展产业体系势在必行，除此之外，还要建设有利于绿色消费的模式和制度，这就是区域性发展的重要原因。区域经济发展将改善生态环境的质量，它要求以美丽生态环境的发展为目标，提供更多"优质生态产品"，从而满足人们的需求。对于主要功能区建设规划进一步优化，协调区域绿色转型与发展，优化生态格局，全面提高各个区域的绿色治理能力，这也是中国区域未来发展的方向。十九大报告对绿色发展和生态文明建设进行了深入阐述，指出了各地生态文明建设和绿色发展实践的道路，营造了新的发展氛围。加强新时代的新生态文明建设，为发展美丽中国建设一个绿色发展、强大协同作用的新引擎。

第四节　区域协调发展战略的成效与深化

区域协调发展战略正在进一步推进，区域政策也正在不断完善，为区域经济发展创造了新格局、新动力和新氛围。中国共产党第十八次全国代表大会的报告提出了"促进区域合作与发展"，且并要将它作为"促进经济结构战略协调"的要点之一。除此之外，还必须不断实施区域的整体战略，充分利用区域之间的比较优势，加强对民族地区、边境地区和贫困地区的支持。

十八大以来，我国迎来了一个发展的新时代，并不断采取了一系列创新措

施，增强了区域发展协同作用，释放了发展空间，并促进了不同区域之间的发展，呈现出了更具包容性、发展性和开放性的势头。现阶段，国家依旧将总体区域发展战略放在首要位置，并在其基础上明确提出了加强经济建设。一种新的区域发展战略开始出现，主要为"四大板块+四个支撑带"，在中国区域发展的整体优化和战略改善中起着重要作用，扩大的发展格局丰富了可发展的内部和外部因素，统筹陆地与海洋的资源，加强南部地区与北部地区之间的互动，让东部、中部、西部区域能够和谐发展。在这其中，促进区域共同发展就要将共同发展理念落实到底。

"十三五"规划提出了要充分发挥"一带一路"、京津冀、长江经济带共同发展的引导作用，形成沿江经济带，并充分发挥经济带的有效职能。通过纵向和横向经济关系的资源和环境进行区域协调，以创造服务和新模式。

中国经济的竞争力需要提升，也要发展有效的区域合作新机制，更要明确区域合作发展战略的主要任务和价值方向，这将进一步促进和改善中国区域发展的新格局，此外，中国区域发展的新动能将会更好地释放发展潜力，区域发展差距会进一步缩小。

人均 GDP 是衡量区域经济发展水平的重要指标，中华人民共和国成立 70 多年来，中国省际经济发展的差距总体上呈现相对缩小的趋势。从人均 GDP 的标准差来看，从中华人民共和国成立到 20 世纪 90 年代初期，中国省际绝对差距还比较小，主要是由于改革开放实施之前，国家实施了区域均衡发展战略，因此，当时全国各省的经济发展水平不够高，改革开放初期也是如此。实施东部沿海区域发展战略后，该区域的经济有了发展，但是中部和西部地区总体经济还相对较低，两者存在差距。社会主义市场经济体制改革目标确立后，随着改革开放的不断推进，释放了东部沿海地区的发展活力，各个地区的经济发展规模越来越大。人均国内生产总值的标准差快速增长，各省之间的绝对差距由于快速增长而迅速扩大。从人均 GDP 波动系数的角度来看，中华人民共和国成立 70 多年来，中国各省之间出现了已分阶段波动的差距，但总体而言，这一差距正在逐步缩小。从中华人民共和国成立到改革开放之前，人均 GDP 的变动系数一直在波动和增加。

第三章　区域经济非均衡发展要素与方法实施

第一节　要素禀赋与区域经济非均衡发展

一、经济要素禀赋及其划分

（一）要素与经济要素分析

要素是生产活动必要的组成部分，可以分为经济要素和非经济要素。对经济活动来说，虽然经济要素是直接影响经济生产行为的要素，非经济要素则是不直接影响经济行为的要素。但是，无论是经济要素，还是非经济要素，都会对经济生产发挥作用。经济要素是经济活动的客观基础。最基本的经济要素是经济生产要素，即资本与劳动。经济学理论的核心问题是研究有限资源的最优配置，资源条件就是要素禀赋条件，这是经济生产的客观基础条件，既有量的条件，又有质的条件。经济学理论分别研究了要素量增长带来的生产结果变化，也分析了要素质的增长带来的生产结果的影响。

从经济要素与经济活动的相互影响角度来看，经济要素决定经济活动或行为，而经济活动同时影响经济要素。经济要素是动态的，随着经济要素与经济活动的相互影响，经济要素不断增强自己的总量和质量。经济全球化对经济要素的影响显著，更多地连接全世界的资源和要素。有些条件是客观存在的，但是不去利用就没有价值，也不会成为经济要素。经济全球化使得我们的市场扩展到全世界范围。随着经济的开放化和全球化，经济要素的范围和界限不断扩展，优势经济要素和非经济要素的区分本身意义不大。原来，经济要素和非经济要素的区分是分析清楚复杂的经济社会，但是也不难发现有时以往的非经济要素在经济活动或行为中的作用越来越大，甚至出现非经济要素经济要素化。理论为现实发展而服务，经济要素也需要有新的理解。

经济全球化对要素界定的意义就是区域特殊性的重新发现。全球化和区域化是同步进行的。全球化越深入发展，区域的意义就越重要。从不同角度来看，全球化是共同市场的全球化，而市场竞争力来自区域的特殊性。比如，世界各地都能买到中国生产的电子产品，而且价格非常优惠，其中决定性的因素就是中国因素，这就是区域特殊性。由此可见，以区域特殊性为基础的要素在经济全球化中发挥着重要作用。

（二）区域要素与非区域要素分析

经济活动或经济行为离不开空间。生产活动关系到在哪儿生产，消费活动关系到在哪儿消费。为了更准确地理解经济要素的空间含义，可以建立区域要素与非区域要素概念。这种划分具有更有效的理论和现实意义。有些要素是区域固有的，其他区域没有或无法拥有这些要素，即区域要素；有些要素是普遍存在的，通过要素的空间移动，其他区域也可以拥有这些要素，即非区域要素。

区域要素是区域经济学的重要理论基础。如果不存在区域要素，那么区域经济发展或区域经济学对现实就无法发挥指导作用。从要素移动的角度来看，区域要素具有不可移动的特征，非区域要素具有可移动的特征。经济要素与非经济要素的区分是一种划分方法，区域要素与非区域要素也是一种划分方法。前者从经济意义来划分，后者从区域或空间意义来划分。经济要素与区域要素相互联系。自然要素既是非经济要素，也是区域要素。资本和劳动既是典型的经济要素，也是典型的非区域要素，其条件是能够保证这些要素的自由移动。资本和劳动是复杂的要素。地方金融是一种资本，但它的区域性较强，接近区域要素；国际直接投资（FDI）也是一种资本，但它的区域性低且移动性高，是非区域要素；劳动力要素也不是单一的，有些劳动力具有强大的移动性和特殊的区域性，也有劳动力具有较低的移动性和非区域性。

区域要素具有非流动性、不可替代性、不可复制性和动态性等特征。严格来说，区域要素的这些特征并不是区域要素与非区域要素的唯一区别。区域与非区域要素是相对的也是动态的概念。首先，非流动性。这是区域要素的最明显特征。就空间角度而言，常规理论将经济要素再区分为可流动要素与不可流动要素。与非区域要素相比，区域要素的流动性较低，甚至根本不可流动。其次，不可替代性。经济要素可替代，资本可替代劳动，劳动也可替代资本，有些生产要素或资源可替代另一种生产要素或资源。但是，有些生产要素是不可替代的，只能在某个区位才可利用，这些要素应该是区域要素。再次，不可复制性，也就是不可模仿性。技术是一种重要的经济要素。但不可能全世界技术水平都一样，既有高水平的，又有低水平的。如果一种技术谁都可以复制或模仿，那么这种技术就不会有市场价值，不能成为经济要素，更不是区域要素；相反，有的技术就在某一个区位，其他区位不拥有此技术，这就是区域要素。最后，动态性。区域要素具有要素累积的特征，这是因为它是不可流动的，也是不可替代或不可复制的。区域固有的或区域特有的要素不断在某个区位累积自己的特征，并加强自身价值，是自我累积和加强的过程。

二、要素禀赋的区域特点

要素禀赋及要素的空间分布既是区域经济学的现实基础，也是理论基础。现实决定不同区域的要素禀赋的差异以及要素空间分布的差异。区域之间的要素禀赋是不一样的，差异就是区域经济学的理论价值。经济发展需要的要素不可能分布在全世界各地，要素尤其经济要素禀赋的区域性特征和移动性特征是经济发展中的重大问题。第一，自然资源的区域性，自然资源是经济生产活动的重要要素之一，其空间分布条件完全依赖自然分布。第二，人力资源的区域性，人力资本包括经济发展的劳动力总量和劳动力质量，人才在空间的分布有非常明显的差异，名人在名地是典型的体现。第三，社会文化资本的区域性，社会文化是现代经济发展的重要因素，对很多产业的生产活动有特殊而独特的作用，而不同区域有不同的社会文化基础，从而形成具有区域特色的文化资本。第四，制度与政策的区域性，比如制度经济学的交易成本概念，制度已经纳入经济学分析模型，对经济活动产生很多制约性影响；而制度具有很强的空间具体性，也就是明显的区域性特征；政策是为了提高有限资源利用的效率最大化而存在的，政策有针对性倾斜特征，倾斜的场域就是区域。第五，FDI 的区域性，跨国企业是全球化的主要动力，它们不断在更大的地理范围寻找最佳投资机会也就是投资区位，具有典型的区域性特征。

区域要素对区域经济生产与经济增长具有多方面影响：第一，区域要素对区域经济增长与发展具有正向作用，这种作用是一种绝对性作用。因为非区域要素是可以在区际移动的，而区域要素是不能跨区域流动的，所以区域要素对区域经济的生产与发展起着基础性制约作用。第二，区域要素对区域经济发展也有负面影响，主要体现在要素在区域沉积而不能跨区域配置，在要素本身生产效率较低时，会影响本地区的经济生产效率。第三，区域要素对区域经济发展有累积影响，要素都具有累积性，区域要素不能在地域上更广泛地流动，在区域内积聚的特征更明显，其不断的区域累积对区域经济生产的积累有制约作用。

从区域发展程度的差异来看，区域要素禀赋条件的差异明显。发展程度较好的区域一定具有良好的综合要素禀赋条件，发展程度低的区域在要素条件上也一定有落后的方面。重的问题有两个方面：一方面是要素条件保持度；另一方面是要素条件的结果。初始要素禀赋条件决定区域的长期发展路线，并且良好的初始要素禀赋条件能够引进更多要素；反之，初始禀赋条件落后的区域很难获得这样的机会。区域要素还会因移动性差异而有所不同。要素本身也在不断寻找更多机会的区域并向该区域移动，随着经济全球化的进展，要素移动的机会和范围将会不断扩大。

要素禀赋的差异造成区域差异，尤其区域发展的差异，换言之，区域发展差异归根结底取决于要素禀赋的差异。这里必须注意的是，不同的要素禀赋形成不同性质的经济区域或经济功能区。比如，具有适合农业发展的要素禀赋的区域必然会发展农业，劳动要素丰富的区域主要发展劳动密集型产业。虽然经济世界不是偶然而是必然的结果，但是从要素禀赋角度来看，偶然性也有很强的经济意义。区域经济理论体系的明显弱点是区域的形成。曾经区域经济理论假设区域既定，在此基础上探讨区位选择、区域增长、区域差距等问题。但是区域经济问题最终关系要素禀赋，这是因为不同的要素禀赋条件形成不同的地理区位，而导致在不同区域经济增长的同时还造成区域差异，一旦形成了以初始要素禀赋为主的区域经济结构，而后的发展将会受到其结构的惯性影响。

三、要素禀赋的新经济学阐释

要素禀赋的新经济学分为以下三个方面（如图 3-1 所示）：

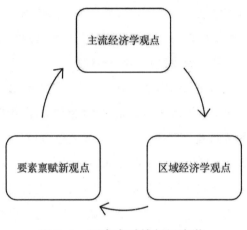

图 3-1　要素禀赋的新经济学

（一）主流经济学观点

要素是经济生产的基本内容，主流经济学对要素禀赋的研究内容非常多，但是古典经济学和新古典经济学的解释不同。从亚当·斯密开始，古典经济学就看到并深入分析了要素禀赋在经济活动中的作用。绝对优势理论充分表达了不同地理区位要素禀赋差异带来的不同生产效率的生产和贸易结果与专业化分工在其中所起到的作用。李嘉图发展的比较优势理论更充分解释了不同区位、不同要素禀赋产生的生产结果。但是在新古典经济学中，区位的要素禀赋问题已不出现在经济学的理论框架中。

主流经济学是以一般均衡理论为基础的经济理论。从这个角度来看，主流经济学没有给空间问题留下足够空间。时间是一般均衡理论的主要分析参照点，从时间序列可以进行静态、比较静态和动态分析，因此现代微观经济理论体系中没有分析空间的问题。主流经济学的一般均衡理论不考虑空间变量，它认为理论考虑的经济变量是劳动和资本，这两个变量只有时间序列上的短期和长期区别，而没有供给也就不受空间限制，所以理论不考虑要素移动的距离和运输成本。这一点被日后的制度经济学所诟病，制度经济学增加的重要经济变量就是以距离和运输成本为基础的交易成本。主流经济学的理论体系主要考虑了要素量和质的禀赋差异，这种差异导致要素的收益差异，在不考虑要素移动成本的情况下，为了获取更高水平的边际收益，要素可以不断在不同市场主体间移动，由市场经济制度来保证。于是，要素移动的结果会达到不同要素的同等水平的边际收益，也就是市场均衡。

主流经济学是均衡的经济学，假设经济活动最终都会实现长期均衡，也是最有经济效率的均衡和最公平的状态。为了证明市场经济均衡的存在，主流经济学要在理论模型的构建上不断设置条件来确保模型结果，并将这种模型的结构来对应甚至加工现实世界。这种在经济模型上依赖假设条件的做法也成为主流经济学的弱点或局限。以主流经济学为基础的经济增长理论也继承了这样的弱点。新经济增长理论试图突破传统要素禀赋论，看到了不可移动的要素的存在，如知识和技术等生产要素，得出要素禀赋差异的理论。

主流经济学是没有范围或场域的经济学。亚当·斯密的经济思想奠定了主流经济学的理论基础。个体的利益最大化追求保证了社会利益的最大化。最大化的主体包括利润最大化的主体和效用最大化的主体。但显示经济运行关注的是谁的利润最大化及谁的效用最大化，这关系具体的地理空间或区域主体。

（二）区域经济学观点

区域经济学在发展前期从不同角度一致试图突破主流经济学的局限和不足。区域经济学一直在寻找地理空间或区域在经济活动和经济理论中的含义，特别是不同区域的要素禀赋差异会导致什么样的经济生产结果。这些努力表现在区位选择理论、区域增长理论、区域结构理论和区域治理与区域政策理论等。

区位问题是经济活动在空间上的表现，是所有空间问题的出发点。杜能、韦伯、俄林、廖什、艾萨德等都把区位问题作为经济活动中的重要空间问题，但他们都更为重视非区域要素作用或非区域要素禀赋。杜能的农业区位论是区位选择理论的重要基础。杜能探讨位置或区位、地租、土地利用三者的关系。不同位置和不同水平的地租形成一种结构。不同位置的要素禀赋尤其农业条件是不同的。韦伯的区位选择理论是在既定条件下追求利润最大化或成本最小化。廖什的区位选择理论强调区位层次。艾萨德把经济学的替代概念引入区位选择问题，尝试建立一般区位选择理论。这些区位选择理论在新古典经济学基本假设条件上建立和延伸，俄林已经看到不同区域要素禀赋差异带来的影响，但他考虑的要素还是非区域要素，在此基础上以市场机制的作用，最终能够达到新古典均衡。1945年以后发展起来的多种区位选择理论，包括行为区位理论、商业区位理论、公共设施区位论等，大部分继承了前人研究的基础并试图解释不同区位选择问题的特点。不过总体来说，要素禀赋的研究还是以非区域要素为主。

区域增长理论是区域经济学的重要组成。自区域经济学开创以来，对区域经济增长模型的研究一直没有停步，但区域经济增长模型的构建仍然不甚完善。主要原因还是要素禀赋的解释不足，很多经济要素的研究与理论没有对区域要素和非区域要素进行有效划分，导致区域经济增长理论发展受限。

（三）要素禀赋新观点

要素禀赋是导致区域经济问题的根源。随着经济全球化的深入发展，要素禀赋越来越成为区域经济发展重要甚至根本性的条件。现在，要素禀赋是比以往更重要的条件。早期区域经济学的理论要素可以分为经济要素与非经济要素、空间要素与非空间要素。从要素的移动性来看，要素禀赋还可以分为自然资源等天然要素禀赋、后天投入固化在特定空间上形成的要素禀赋和动态化要素禀赋。自然资源和后天投入要素禀赋是区域要素，动态化要素是非区域要素。

有些要素是可以移动的，不仅可以在特定区域、国家内移动，还可以在全世界范围内移动，这些要素即非区域要素；有些要素是不可移动的，很难在地理范围内移动，这些要素是区域要素。区域要素是特定区域的固有要素，是不可替代的。经济全球化的背景让研究者重新认识了要素禀赋问题。在要素世界大流动之前，要素禀赋是决定区域经济问题或造成区域经济发展的主要条件。但经济全球化可以从世界范围配置要素，而区域要素也可以移动到更广泛的地区。这样的要素流动现实越来越接近主流经济学假设的要素完全流动性状态。但是经济全球化越发展，就会越来越清楚地认识到有些要素是完全不可移动的，并且完全不可替代。更高水平的技术之所以改变不了它，是因为这不是技术问题，而是经济问题。

要素禀赋的移动性和替代性决定要素的区域性，并且随着经济全球化的深化，区域要素与非区域要素的区分越来越明显。这样就面临空间或区域要素分布的问题，要素禀赋本来是非均质的，而不是均质的。以往要素禀赋的均质假设取决于理论分析的便利，但现在则取决于现实经济的重要转变，即经济全球化。这是一个重要的理论出发点。如果我们的理论从要素禀赋的均质出发，那么我们就无法看见很多事情。

四、要素禀赋与非均质空间

（一）要素禀赋均质与非均质

从根本上而言，区域经济非均衡发展是由于要素的空间不均衡分布造成的。要素可以分为区域要素和非区域要素，在空间分布上就表现为均质分布和非均质分布。传统的理论对要素的空间分布主要从均质角度出发，新的研究理论如克鲁格曼的新经济地理学打破了传统空间分析的局限，引进了不完全竞争市场结构和收益递增的假设，看到了要素的空间非均质分布，这需要进一步深化非均质空间的分析方法。

均质和非均质是空间和区域特征。自建立以来，区域经济学一直把空间分析当作区域经济理论研究的出发点，研究了一系列问题，例如，空间是什么、区域是什么、空间与区域是什么关系、空间经济研究与区域经济研究是什么关系、空间和区域概念上的矛盾影响着区域经济理论的发展，空间分析也对区域经济理论研究提供了非常重要的依据。尤其在区域经济学的发展过程中，空间分析一直是理论的出发点。空间是区域的抽象，区域是客观存在的地理与经济实体。区域经济学在经济学的框架内分析区域问题时需要一定的抽象化。

空间均质的含义是平坦的空间上的经济要素禀赋是均等的。空间均质假设从距离的角度来考虑经济活动的空间特征，从而，空间问题归结于距离问题。空间均质假设能够提供较方便的理论基础，不过也存在问题，就是空间均质假设与实际经济情况有很多不符合的地方，尤其在空间惯性起到关键作用的时候，空间均质假设很难说明现实区域的一系列问题。空间非均质的含义是不平坦的空间上的经济要素的禀赋是非均等的，这样才符合现实的经济世界。

均质空间假设是指经济空间是一片平原，在空间上没有凹凸等地理上的特征，要素禀赋的空间分布是均等的。在此基础上，可以把距离和运输成本引进分析框架里。如果经济空间不是平原，那么距离和运输成本变量不会呈线性变化，这样就很难分析其变量的作用。均质空间假设的好处是易于分析，但是有局限性，也不能说这种方法不对，只能说它不够全面。冯·杜能的农业区位理论假设在一个大平原中央有一个城市，它与周围农业地带组成一个孤立的地区，该地区既无河川，也无运河，并且，该区位中具有同样适宜的气候和肥沃的土壤条件。而且，运输费用同运输的重量和距离成正比。据冯·杜能研究，因为土地位置不同导致农业成本在空间上的差异，从而对地租产生影响，所有这些因素决定着一定市场的经营类型，以及经营强度在空间上的分布。其空间分布不仅取决于自然因素，更取决于经济因素，即与市场的距离。冯·杜能的同心圆理论假设是典型的均质空间假设。其结果就是把空间变量转变成距离和运输成本变量。廖什市场区的出发点就是均质空间。在平原上有经济价值的原料是均匀分布的。这个平原各方面都是同质的，含有的只是有规则分布的自给自足的农场。这样的出发点如何导致空间的差异呢？这就是廖什的理论空间，廖什从中得出有规律的市场区。

空间非均质的含义是平坦的空间上经济要素的禀赋是非均等的。地理上平坦的空间还很抽象，但要素禀赋的非均等分布是现实的。从亚当·斯密的绝对优势理论到李嘉图的比较优势理论都假设要素禀赋的非均质特征，要素禀赋的差异是贸易的基本条件之一。不同的空间区位具有不同的要素禀赋。如果要素禀赋不是均质的，那么市场结构尤其生产要素的市场结构就不再是完全竞争。不同区位的要素禀赋的差异必然造成不完全的要素市场结构。传统的区位理论尤其以生产为主的区位理论基本上是从非均质空间假设出发的，因为生产区位取决于不同的原料产地和市场区位的函数。韦伯的工业区位论把空间约束转变为距离和运输成本的函数，并且韦伯的区位三角形中的两个原料产地的要素禀赋是非均质的。后来，莫西的区位生产模型以及麦卡安的物流成本区位模型也是在韦伯的基础上发展起来的，并且他们都把运输成本作为区位理论的主要因素。非均质空间是条件的非均质分布，并不是成果的非均质分布。霍泰林的理论既是条件的非均质，又是成果的非均质。需要注意的是，从市场结构角度来看，非均质空间假设意味着不完全的竞争市场结构，包括要素市场的不完全竞争和消费市场的不完全竞争。

（二）要素禀赋与非均质空间关系

无论是区域要素，还是非区域要素，都对区域经济非均衡发展起到了重要作用。以往的区域经济理论较侧重分析非区域要素的作用，而不太重视区域要素的作用，包括自然要素、文化要素、环境要素和制度要素等。克鲁格曼的动态空间模型具有重要的理论意义。但是，从要素禀赋的角度来看，克鲁格曼的动态空间模型只考虑非区域要素，并没有充分考虑区域要素的作用。并且，总体而言，以往大部分的空间模型或空间相互作用模型主要考虑非区域要素的作用，在某种程度上忽视了区域要素的作用。要解释非均质空间和要素禀赋的非均质分布，理论框架就应该包括非区域要素的作用。这样一来，区位选择理论应该同时考虑区域要素和非区域要素的作用。聚集经济的形成不仅是资本和劳动的函数，还有区域要素的作用。如果考虑区域要素对聚集经济的影响，就能够揭开累积循环与聚集经济的关系。并且，在区域要素和非区域要素的相互作用下所形成的经济区域一定具有各区域固有的特征，也自然形成了不同的经济区域。

经济全球化让人们重新认识区域的重要性。区域经济研究也需要新的视角。早期的区域经济理论建立在均质空间分析的基础上，试图建立一般经济模型，试图把空间因素引入主流经济学的框架里。主流经济学假定生产函数的规模收益不变，拥有完全竞争的市场结构、空间均质，距离是核心的空间变量，利用运输成本来替代空间变量。以空间均质假设为基础的距离和运输成本在空间分析中的作用具有一定意义。而从要素禀赋的角度来看，空间非均质带来市场结构不完全竞争、非规模收益不变等问题。

新区域经济学、新城市经济学以及新经济地理学已经对空间的非均质性有所涉及，但对要素禀赋的考虑不够，各种要素分布在不同区位，其结果导致空间的聚集经济以及区域经济增长的差异，也就是空间中出现的各种区域问题的根源是要素禀赋的差异。非区域要素与区域要素之间存在相互作用关系与转换特征。非区域要素是全球范围内可移动的要素，这些要素到了某个区域，与当地的区域要素之间建立网络体系，一部分非区域要素就转换为区域要素。就区域经济发展而言，这是非常重要的过程，区域经济发展所需要的要素条件是有限的，通过这种相互作用和转换，区域经济能够持续拥有较好的要素禀赋条件。

区域要素成为非区域要素引入和移动的重要基础。随着经济全球化的深入，传统意义上的要素概念逐渐转变，并且要素禀赋的初期条件并不是区域经济发展的绝对条件，更重要的是能否提高要素的流动性以及相关制度的创新。经济全球化使得我们更重视区域要素的培育，区域要素并不仅是自然要素，也包括区域固有的要素条件，还包括区域文化等。区域要素是非区域要素移动的条件之一，从而使地方政府通过创新，对这些区域要素的作用进行强化。区域主体应该包括当地的居民、企业和区域政府，各经济主体为了自己利益的最大化而努力。这些区域主体的行为导致要素利用的效率和成果。其中，区域政府或地方政府的行为至关重要。地方政府是创新的重要主体。创新是区域经济发展的主要因素。有的地方政府超前建立制度创新机制，对要素作用的发挥起到积极作用，但有的地方政府缺乏制度创新机制，阻碍要素发挥积极作用。

（三）要素禀赋与区域经济的非均衡发展

区域经济发展不均衡是常态和长期的。要素禀赋的非均质分布是造成区域经济发展不平衡的主要原因，并且区域主体行为的差异也是造成区域经济发展不平衡的主要原因之一。这两种因素的作用导致区域经济非均衡发展的常态和长期性。

当前已经有大量学者研究区域经济非均衡发展，这些研究大都使用新古典经济学分析方法，重视劳动、资本要素在区域经济发展中的作用。制度经济学将制度纳入非均衡发展分析研究，深刻阐述了制度和制度创新在区域经济非均衡发展中的作用和影响。无论是制度、资本、劳动，都在经济主体的行为中可以实现要素的变化累积，其累积的速度、质量必然会影响区域经济的发展水平。但还有一类要素在一定时间内是难以改变或者不能变化的，典型的如自然要素。例如，一个地方的矿产资源、地质地貌以及天然性的区位条件等自然要素禀赋几乎是不能变化的。

古典经济学家创始人亚当·斯密就非常关注地理条件特征和自然要素禀赋的作用。他以城市分工为例，说明一个人分工的选择受到其所在地理区位的影响，城市作为一种地理要素，影响甚至决定着分工与专业化的结果，进而影响经济发展。而对于区域经济会在什么地方率先获得发展，亚当·斯密又特别强调了水运的作用。在今天，由于科学技术的不断发展，我们可以在一定程度上改变某些自然要素禀赋的作用，例如，可以改善一定区域的土壤肥沃程度。由此可见，最初的空间地理要素特征和自然要素禀赋状况对于区域经济的发展仍然有着重要影响。

研究要素禀赋对区域经济非均衡发展的影响和作用，结合古典经济学和新古典经济学要素禀赋观，既分析了后天累积性要素对于区域经济非均衡发展的作用，也研究了先天自然要素对于区域经济非均衡发展的影响。由于要素禀赋是不均质的，因此区域经济必然是非均衡发展的。在后面的分析中还要对不同要素进行实证分析，目的是解释这些要素与区域经济非均衡发展的关系。

要素禀赋条件的差异是区域经济非均衡发展的根本原因。传统的区域经济发展理论也重视要素禀赋条件的区域差异，主要探讨非区域要素，但需要把要素简单化，不过，其理论并不是没有道理。本书的基本出发点是区域要素及其非均质分布。要素的区域性是决定区域经济发展差异及其不平衡的重要原因。传统的理论框架主要考虑可移动的要素，因为不可移动的要素禀赋条件是不可改变的，所以不在考虑的范围内，其逻辑可以接受。区域之间的经济发展水平差异是客观存在的事情，也是必然的，从另一个角度来看，差异才是发展的动力，如果区域之间不存在差异，那么其结果就没有必要交流。传统的主流区域经济学的出发点是，要素禀赋是不均质的，但区域经济发展经过不平衡的阶段，最终能够达到平衡的状态；要素禀赋是均质的，由于空间要素的作用，短期出现集中和聚集，其结果造成不平衡状态。要素禀赋是非均质的，区域经济非均衡发展。

第二节 后天累积性要素与区域经济非均衡发展

新古典经济学提出的后天累积性要素中选取人力资本、FDI 和区域社会文化资本进行研究。随着科技的进步和经济全球化的不断深入，人力资本和 FDI 在区域经济发展中发挥着越来越重要的作用，区域社会文化也成为重要的软性制度要素，它们与区域经济非均衡发展之间存在着深刻关系。

一、人力资本要素与区域经济非均衡发展

人力资本是区域经济发展的重要要素，也是重要的非区域要素。严格来说，人力资本既具有非区域要素的性质，又具有区域要素的特征。在一定条件下，人力资本在特定区域被固化，从而逐渐成为区域要素。其中受教育程度更高的高级人力资本被固化的可能性更高，区域要素化的可能性也更高；相反，受教育程度相对低级的人力资本则具有更高的非区域要素的性质。人力资本对地区经济的发展有重要作用。之所以强调区域发展中人才的决定性作用，是因为经济活动是由人来参与完成的，人与人之间的差别影响着经济活动的质量。

（一）人力资本理论分析

现代人力资本理论的开创性研究源于舒尔茨发表的《论人力资本投资》一文，舒尔茨认为单纯物质资本的积累不能解释 1945 年以来发达国家经济增长较快和发展中国家经济增长缓慢的经验事实，而是必须把人力资本包含进去进行分析，至此，现代人力资本理论最终确立。确切地说，人力资本理论最初就是以经济发展面目而出现的，舒尔茨提出人力资本理论的初衷是解释一国经济长期增长的原因，而作为完整的人力资本理论是在对二十世纪五六十年代"索洛残差"的解释中发展起来的。

　　传统经济增长模型，即索洛模型的主要特征是投入要素的边际收益递减，主要结论是实物资本的积累既不能解释经济的长期增长，又不能解释人均产量在不同地区的巨大差异。对于要素投入不能解释的那部分经济增长，经济学家称之为"索洛残差"。对于产生"索洛残差"的其他可能来源，该模型要么将其看作外生的，要么根本不予考虑。随后，"干中学"模型以及包括物质生产部门和人力资本生产部门的两部门经济增长模型试图克服新古典增长模型的局限性，但最终它们不能解决"索洛残差"问题，换言之，这些模型仍旧没有说明经济系统是如何内生地决定一个国家或地区经济的持续增长的。

　　20世纪80年代，以罗默和卢卡斯的研究为开端，经济增长理论进入一个新的发展阶段，这一时期的经济增长理论主要致力研究一个经济体的持续增长是如何被经济系统内生地决定，即内生经济增长理论。罗默建立的知识推进模型除考虑资本和劳动以外，加进了第三要素——知识。他认为专业化知识和人力资本的积累可以产生递增的收益，并使其他投入要素收益递增，从而实现总和收益递增。罗默的研究对生产要素做了进一步扩充，除纳入以平均受教育年限来衡量的人力资本外，还加入了用专利来衡量的新思想，使其理论更加完善。在罗默模型中，人力资本仍然被看作外生增长因素，使人力资本对经济增长的作用有被低估的可能，与罗默较重视知识的外部性引起的收益递增对经济增长的影响相比，卢卡斯等认为人力资本的作用更加重要。卢卡斯将人力资本作为一个独立要素纳入经济增长模型，把舒尔茨的人力资本概念和索罗的技术进步因素具体化为专业化的人力资本。一国的经济不再需要外生力量就能实现持续增长，增长的源泉是人力资本的积累。罗默和卢卡斯模型的相同之处是他们都强调人力资本比物质资本更为重要，并把它作为经济增长的关键因素，打破了传统古典经济学理论关于要素收益递减或不变的假设，说明了经济持续增长的源泉与动力。

　　从内生经济增长理论的角度来看，一个国家的经济增长率和人均收入差距越来越大的主要原因就在于这个国家在知识、技术和人力资本积累方面存在巨大差异。内生增长理论把人力资本作为一种投入要素，使其模型对经济增长的解释力得到增强。但人力资本不同于其他资本形式，人力资本的生产并非一个线性过程，它的载体是劳动者本身，而劳动者的思想、经历、感情、认知和环境不仅会影响人力资本的生产，还会对整个生产活动过程产生重大影响。在不考虑整个区域环境的情况下，研究人力资本对经济增长的影响很可能会产生误解的结果。

人力资本概念上的模糊性使其可测性很差。在实证研究中，不同研究者往往使用不同内涵的人力资本定义和不同的代理变量，如卢卡斯和罗默用平均受教育年限来衡量人力资本、巴罗用 25 岁以上人口受教育程度来衡量人力资本等，他们得出的结果不尽相同。虽然关于人力资本对经济增长作用的定量分析还没有令人信服的结果，但是在总体上，经济学家并不否认人力资本对经济增长的重要作用。

（二）教育与人力资本区域的不均衡

地区经济发展对教育发展的影响至少表现在以下方面：首先，地区经济发展水平直接影响该地区教育投入的能力，进而影响教育发展的规模和速度；其次，区域经济发展差异的另一种表现形式是收入水平的差异，贫困地区家庭接受教育的欲望和能力会受到收入水平的严重制约；最后，区域经济发展不平衡会直接影响该地区经济对教育需求的层次和结构，而教育需求又是教育发展的深层次动力。

（三）人力资本与区域经济不平衡发展

初始人力资本存量通过促进技术进步、扩散和学习对经济增长产生积极的促进作用。这一研究成果已被学术界广泛接受，后来的研究多是在这一基础上对此做理论和经验扩展。

但是，对中国经验的实证分析却没有得到一致的结论，对同一现象的分析得到的结论有所差异，可能的答案是人力资本概念上的模糊性使其可测性很差。在实证研究中，不同研究者往往使用不同内涵的人力资本定义和不同的代理变量，由此得到不同甚至相反的结论。同时，在研究时把人力资本作为一个整体，往往只使用单一变量代理，没有区分不同人力资本的不同组成部分对产出的不同影响，这显然不能得到令人信服的结论。还有学者尝试从新的角度研究人力资本与区域经济发展差距的关系，例如，研究在信用市场不完善的情况下，财富和收入分配通过影响人力资本投资而影响经济增长的机制。这些研究表明关于人力资本和区域差距的研究已经逐渐突破简单计量回归的阶段，为下一步理论和实证分析的进展提供了新的方向。

二、FDI 要素与区域经济非均衡发展

资本决定论应该来自古典经济增长理论。经济发展较为落后的原因是缺乏资本，储蓄率低，因而形成了发展经济学中的"贫困恶性循环"。可见资本投入量的差异确实会带来地区经济发展水平的差异，下面主要分析 FDI 的区域连接。

区域连接的主要核心是区域产业连接，包括物资连接和服务信息连接，物资连接还包括标准商品连接和水包连接。从连接的方向来看，区域产业连接包括前方连接和后方连接。产业连接的程度取决于不同的组织规模、组织成熟度、生产工程和行业。组织规模越小，产业连接水平越高。投资年限越多，与区域内企业间的连接水平越高，这就是投资年限假说。不同的生产工程也具有不同的产业连接水平。不同的行业具有不同水平的产业连接。图尔克提出区域连接的两种类型：发展模型和依存模型。发展模型的主要特征就是与当地企业建立长期合作关系，具有较高的本地化水平；而依存模型的主要特征是通过垂直关系的建立，与当地企业形成不平等的交易关系，本地化水平较低。

区域连接主要包括产业连接、知识连接和社会连接。产业连接主要有前方连接和后方连接，前方连接主要看主要原材料和零部件的供给来源是否在本地；后方连接主要看产品（包括中间投入品）销售主要在本地区还是区外。知识连接主要包括知识和技术的外溢效应，还包括外资企业对当地企业的学习效应。为了提高产品质量，有些外资企业重视研究开发和职工教育。这些活动是否发生在区内就是知识连接的主要通道。社会连接是外资企业与当地社会间的交流，包括各种社会活动以及对当地社会文化的影响。

第一，市场规模。经济合作与发展组织总结在中国的 FDI 决定因素，包括经济增长与市场规模、自然资源和人力资源、基础设施、对外开放、经济政策、投资保护措施等。地区 GDP 能够表明该地区的市场规模，各省地区 GDP 和外商直接投资间呈现正相关的关系。

第二，自然资源和人力资源。中国的自然资源和人力资源较丰富且劳动成本较低，对外商直接投资的区位决定发挥重要作用。阿姆斯特朗、泰勒指出，外商直接投资在选择一国内的投资区域时，要考虑投入要素的成本和要素的可供给性。

第三，基础设施。良好的基础设施对外商直接投资的区位决定具有正面作用。各种基础设施的发展水平对外商直接投资的区位决定具有明显的正的效应。但是，实证分析中的基础设施是各种各样的，有些研究利用铁路情况，而有些研究利用公路情况。基础设施是较广泛的口径。不同的代理变量可能导致不同结果。区域基础设施水平是影响外商直接投资的重要因素。前期的基础设施水平对现期的外商直接投资具有更大影响。因为外商直接投资在最初选择进入某个地区时，主要看当时该地区的基础设施情况，而从最初投资意向、合同利用外资到实际利用外资往往还有一段时间差，前期基础设施水平对本期实际外商直接投资的解释意义和影响更大。

三、社会文化要素与区域经济非均衡发展

（一）社会文化要素与区域经济非均衡发展的条件

文化是一个复杂的整体，包括知识、信仰、艺术、法律、道德、风俗以及人类所获得的才能和习惯。文化需要四个条件：特定形态、大多数人的遵守、超越时代性、集团性质。文化在不同社会领域、不同社会集团以及不同社会成员身上都呈现出具体的、特殊的形态，文化是非常复杂的，并且人类的所有行为都能够形成各种文化。从现实经济角度来看，不能否定文化和经济的密切关系，并感受文化因素逐渐成为经济发展的重要基础，与此同时，经济发展也有助于文化发展。在全球化的时代，文化因素在经济发展中所发挥的作用越来越突出，尤其全球文化的影响和区域文化的作用之间的竞争更加明显。

（二）社会文化要素与区域经济非均衡发展的关系

在全球文化覆盖着全世界的同时，为了提高当地的区域竞争力，区域文化或城市文化的表现更加突出。人们越来越关注文化要素和经济发展的关系（如图3-2所示）。

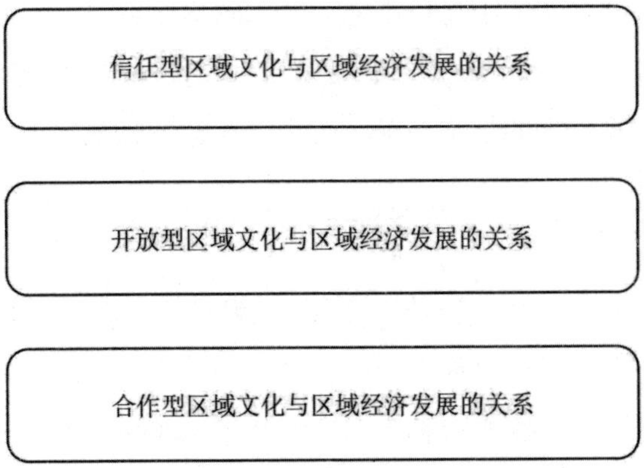

┌───┐
│   信任型区域文化与区域经济发展的关系   │
└───┘

┌───┐
│   开放型区域文化与区域经济发展的关系   │
└───┘

┌───┐
│   合作型区域文化与区域经济发展的关系   │
└───┘

图 3-2 文化要素与区域经济发展的关系

1. 信任型区域文化与区域经济发展的关系

在区域文化对经济发展的影响中，采用社会资本概念，因为社会资本是最能反映区域文化的资本类型，而且它本身没有人力资本与物质资本所具有的较强的流动性，但其区域性是非常强的。随着市场经济的发展，人们之间的信任结构越来越复杂，经济行为主体也越来越多，现代人必须凭借对信息的全面知晓来判断对方是否值得信任。根据交易双方对信任的掌握程度，信息分布通常可分为两种状态：信息对称和信息不对称。如果交易双方对与交易相关信息的掌握完全相同，任何一方都没有独占的私人信息，则信息分布是对称的；否则，信息分布是不对称的。信息不对称容易导致"逆向选择"以及"道德风险"问题，使信用缺失现象屡屡发生，从而破坏市场均衡，降低市场运行效率。

市场经济的道德基础最重要的是信誉或信任。信任是在不确定性环境中基于共同行为规范对他人行为的合理预期。如果信息完备，信任就转化为信赖或相信；如果信息为零，信任要么从条约逐步发展到信仰，要么因无知从一开始就不存在。可见信任寄生于不完备信息中。人们普遍认为信任是一个社会经济构建和运作的润滑剂。从市场经济的角度来看，如果一方不守信用，利益就会失衡，交易关系就会遭到破坏。在实际经济活动中，交易双方总是在一定程度的信息不完全状态下进行交易的，信息不对称的程度越大，交易双方所承担的风险概率越高。在市场交易中，交易双方要避免这些风险，需要一些可靠的保护制度及政策。本书认为成熟和发达的市场也不能完全剔除信任危机，但是可以为市场的经济主体提供适当保护。而不完善的市场更易引发不守信用的经济行为。总体而言，信任是市场经济发展的根本要求，也是市场经济成熟的重要标志。

2. 开放型区域文化与区域经济发展的关系

在社会资本理论中，与"信任"相比，"开放"的作用比较少提到，而且几乎没有详细解释。但是，社会资本的有些分类包括开放的概念。社会资本可以分为四个因素，两个微观层次的因素是内部团结和向外部世界的开放，另外两个宏观层次的因素是广泛的社会根源和组织的完整，社会资本存量取决于这四个因素的均衡。例如，网络密集的封闭社会就会遇到许多社会问题。与此相反，网络不密集的开放社会发展得较好。社会资本划分为纽带、桥梁、联系、社会资本。其中，桥梁社会资本概念与开放有密切关系。按照普特南的社会资本定义，桥梁社会资本具有包容性，而纽带社会资本具有排外性。为了建立良好的桥梁社会资本，要区别外部人和自己人。由此可见，纽带社会资本倾向保守，和外部世界沟通得不好，而桥梁资本倾向开放，和外部世界沟通得较好。这种社会资本对区域开放的影响不可忽略。

改革开放40多年以来，随着社会主义市场经济的逐步建立，所有制结构经历了由公有制的单一结构向多元结构演变。进入20世纪90年代后，中国公有制企业中发生了大面积的产权重组和企业改革。这种重组和改制的实质是使企业的产权从政府主体转向民间主体，非公有制经济对国内生产总值增长的贡献率也越来越高，非公有制经济在中国经济占有的份额达到举足轻重的地步。企业所有制结构的多元化就是中国改革开放的重要任务。民营经济以及非公有制经济的发展离不开地方政府的作用。地方政府对经济的过度干预和调节会影响该地区的所有制结构。

目前，中国正处于由计划经济向市场经济体制转轨的重要时期，市场经济是开放型经济，其根本前提也是开放。非公有制经济是中国社会主义市场经济的重要组成部分，大力发展非公有制经济是社会主义市场经济的必然要求。但是，各地方政府的开放程度以及管理经济的方式决定了该地区的区域文化开放性，而且各地方政府对非公有制经济的态度以及作用也来源于此。区域文化倾向开放的地方政府具有鼓励非公有制经济的良好政策环境与制度因素；反之，区域文化倾向封闭的地方政府具有制约非公有制经济发展的体制障碍与制度约束。要用地区非公有制经济比重来衡量各地方政府的开放程度，即区域文化的开放性。

3. 合作型区域文化与区域经济发展的关系

在市场经济条件下，主流经济学一直强调竞争而忽视合作。区际合作、区际分工或区际贸易可以解释合作区域文化的作用。在领土辽阔的中国，不同地区的生产要素分配存在着差异性，使得不同地区间经济活动和产出水平存在着差异，不可能完全满足各地区市场的需要，从而使区际分工合作成为必然。实际上，由于不同地区之间存在着市场分割、垄断、地方保护等非正常市场行为，区际合作与分工不好实现，其根本原因在于中国体制转型的方式。中国作为一个由计划经济体制向市场经济体制转型的国家，区域开放的进程也呈现出与众不同的特点。一般市场经济国家，区域开放的次序是先对国内其他地区开放，然后对国外开放。前一个层次叫作区际开放，后一个层次叫作国际开放。

中国的区域开放在顺序上是区际开放和国际开放两个层次同时进行。在经济转轨的起步时期，中国几乎不存在区际贸易，却存在人为计划安排下的区际分工。在这种情况下，中国的自愿性区际合作不容易实现，并且，区域协调发展更不容易实现。区际合作是区域协调发展的一种必然，但合作的形成与调整主要来自其内部机制的力量，外部的干预必须符合这一内部机制规律，否则，干预的力量和作用都是有限的，甚至可能影响区域的协调发展。区际合作是基于合作区域文化的自发性合作。合作区域文化在一定程度上能够决定对各地区的区际合作程度。

随着中国改革开放的深入进行，社会主义市场经济得到很大发展。人们普遍认识到市场经济的运行对推动社会生产的发展具有强大的效率功能。但是，也应该看到，新的经济体制的建立不仅是经济方式的变化，也必然要引起人们思想观念的变化。为了发展市场经济，需要三种区域文化，即信任、开放、合作。综上所述，这三个概念来自社会资本的基本概念。区际合作的原因是从经济状况来看，各区域在地理位置、资源状况、要素水平、产业及产品优势等方面一般也存在较大差异。区际合作不仅制约资源的空间配置效率，而且影响区域之间的经济利益格局。另外,区际合作是区域间的经济联系,包括区际贸易和区际分工。区际贸易是在国内不同级别行政区域接壤的边界上进行的贸易。

郝寿义教授等在《区域经济学》中认为,区际贸易是一种与国际贸易相似,而又与其有不少差别的贸易。它们的主要差别表现在:与发生于国家之间的国际贸易相比,区际贸易发生在不是独立政治单元的区域,是在没有制度背景的差异下进行的。即使一国境内某些地区存在一些特殊政策,其大背景仍然是相同的;在理论上,区域是一个不存在关税壁垒的开放系统,使用共同货币使得区际贸易不存在汇率障碍,区际贸易要比国际贸易简单且密切。随着区域分工的加深,区际贸易必然日益频繁。区际贸易的加强即市场范围的扩展是分工发展的必要条件。

第三节　区域非均衡到经济协调发展方法的实施

针对改革开放前实施区域均衡发展战略的弊端,改革开放后,中国区域经济发展的指导思想也发生了历史性转折,提出了东部沿海优先发展的区域非均衡协调发展战略。中国区域经济发展的指导思想由均衡发展向非均衡发展转变,区域发展战略的重点也相应地由向内地倾斜转变为优先发展东部沿海地区,通过东部沿海地区优先发展形成辐射示范作用,从而带动中西部地区经济共同发展。

顺应区域发展战略的调整,从20世纪80年代初起,国家重点项目投资向东部沿海地区大幅倾斜。东部地区投资额比中西部总投资还高,尤其东西部之间的投资差距巨大。随着改革开放的不断深入,非均衡发展的区域战略造就了东部沿海地区经济核心区和增长极,不仅使东部沿海地区成为中国国民经济整体高速增长的支撑点和强大的"经济引擎",而且形成了先发展起来的地区带动整个国民经济快速增长的局面,先富带动后富的效应明显。

进入20世纪90年代,随着改革开放的不断推进,东部沿海地区受益于区域非均衡发展战略,取得了较快发展,也在一定程度上带动了中西部地区的发展,区域发展差距较改革开放前有所缩小，但区域发展不平衡问题还比较突出。从第八个五年计划开始，促进区域经济协调发展被提到国家战略高度，直到党的十九大报告提出"实施区域协调发展战略"，促进区域协调发展成为中国区域发展的基本方向。

21世纪开始，随着西部大开发战略的不断推进和东北老工业基地振兴战略的提出，中部地区经济发展滞后问题日益凸显，面临着"不东不西"的尴尬局面。"促进中部地区崛起"的重要战略构想因此提出，并强调"加快中部地区发展是区域协调发展的重要方面"。至此，中国形成了"西部开发、东北振兴、中部崛起、东部率先"的区域发展总体战略。由此可见，这一阶段区域协调发展战略包含的内容更加全面、内涵更加丰富，也取得了更加显著的效果，区域发展差距明显缩小。

第四章　区域经济协调发展的创新思路

第一节　区域经济中城市协调发展的创新

区域经济是指特定区域范围内社会经济活动和与之相关的经济关系的总称，是以特定经济活动或者经济城市为核心形成的具有宏观性质区域性经济综合体。近年来，全球经济一体化发展趋势越来越明显，以地方城市为核心的区域经济发展也受到越来越多的关注。推动区域经济发展的核心城市要发挥示范和引领作用，发达的城市经济是振兴区域经济的基本前提。

科技的快速发展以及在实践中的运用加快了城市发展步伐，也面临着市场经济的激烈竞争。勇敢面对这些挑战就要改变传统的城市经济发展方式，要以宏观视角、全新的观念和方法推动城市经济发展迈上新台阶。面对激烈的市场竞争，唯有创新才是推动城市发展的唯一道路。根据城市发展的创新理论和区域经济理论，城市在促进区域经济发展中发挥着重要作用，而城市的创新对经济发展具有重要引领作用，要从内部因素和外部因素综合考虑创新对城市发展的重要性，无论是提升城市竞争力，还是推动区域经济发展，都要建立基本的创新理论框架，并以此为基础提出发展城市经济的建议和具体措施。

一、区域经济中城市协调发展创新的意义

（一）城市在区域经济协调发展中的作用

城市在推动区域经济协调发展中发挥着核心作用，具有重要的引领地位。从内部分析，城市是一个非常有活力的经济体，具有生产产品和交换商品的能力，也是各种经济活动的主要集中点；从外部分析，城市在连接城乡经济一体化发展中发挥着纽带作用，是区域经济发展的核心。而推动区域经济发展，就是要打破城市和其临近地区的人为限制，使与经济发展相关的各要素如商品、人才、资本以及技术等能够按市场经济要求自由配置。

城市能够推动区域经济发展，既是区域经济发展的原动力，也是工业生产和现代科技的基地。城市有着发达的生产力，其经济效益也明显高于临近地区，它对周边地区经济发展起着引领带动作用。城市是发展区域经济的重要支柱，具有比较发达的生产以及配套系统，为区域经济发展奠定了良好基础。城市有着较为发达的市场体系，为发展区域经济提供了有力支撑，利用发达的城市经济体系既可以实现城乡间的有效连接，也可以将附近不同的经济区域连接起来，从而为发展区域经济提供力量。

（二）城市创新在区域内部的必要性

在市场经济条件下，区域内部各种经济活动或者不同区域之间发生的经济关系都以城市为纽带相互连接，从而构成一个网状经济体。城市在这个体系中占有主导地位，城市的经济发展越强劲，其经济效益就越大，它对周边地区辐射带动作用就越强，由此形成的经济规模就会相应增大。新时期，要提高人们的生活质量，就要推动城市创新发展，这就需要根据知识经济的要求，首先认识到城市经济发展的艰巨性和复杂性，并根据创新发展理论，在不断实践的基础上整合有利于城市发展的各种资源，增强城市发展后劲，从而带动区域经济健康有序发展。

二、区域经济中城市协调发展创新的理论

20世纪，熊彼特提出了以创新为主要特点的经济动态发展理论。而城市创新就是基于这一理论发展起来的。根据熊彼特创新理论，经济发展过程中有一种打破经济均衡发展而又会恢复这种平衡的经济发展动力，即熊彼特倡导的创新活动。从一定程度上而言，创新突破了经济发展体系的平衡，为经济发展带来新动力。本书主要以推动区域经济发展为主要研究对象，城市是区域经济发展的核心力量，而创新又是带动城市经济走向繁荣的内在动力，同时深入探讨城市经济发展的复杂性和系统性以及与外部各种因素的相互作用，在此基础上定义城市创新概念。

城市创新根据国际经济发展趋势，在一定区域内经济发展的基础上，认真分析城市的资源条件以及经济发展特点，在人们的观念、城市管理以及技术方面实施创新变革，从而改变原有的城市发展方式，对城市未来的发展方向实现精准定位，推动城市经济发展迈上新台阶，以此打造健康持续稳步增长的城市经济体系，推动城市和谐发展。

（一）城市创新的基本内容

根据创新对象的不同，城市创新又包含观念创新、知识创新、产业创新、制度创新以及服务创新。观念创新在城市发展中具有决定性地位，它是城市实现创新发展的原动力；知识创新为城市发展提供所需新知识，是实现城市创新知识的源泉；产业创新在推动城市创新发展中具有重要的核心地位，其根本目的是进一步优化城市产业结构，提高城市产业发展水平，增强城市竞争力，城市创新的实质就是一场产业革命；制度创新是为城市发展提供更好的制度保障，它包括政府主管创新的部门、为城市创新发展而制定的法律及其运行体系，还有支持城市创新发展的政策等，其目的是为城市创新发展提供有利环境；服务创新是为以上四种创新提供服务的机制，它的平稳有序运行能够实现物质载体和创新主体之间的有效对接，为城市发展提供保障，服务创新的力度与城市创新活动的协调性和有效性息息相关。

城市创新发展过程中存在的各种活动之间具有复杂的关系，产业创新可以为

知识创新拓宽新领域，并为其提供资源、技术以及资金方面的支持；制度创新又为产业创新以及知识创新提供健康的发展环境；产业创新和知识创新又为制度创新发展提供了基础条件；服务创新是使以上各种创新活动有效运转的服务系统，它为各种创新活动有序运行提供保障，创新成果也为提高服务创新质量提供了良好条件。这些创新活动在相互促进共同发展的基础上也互相制约。所有创新活动中，产业创新占据核心地位，因为产业具有的竞争能力能够提升整体城市竞争力。虽然产业创新在城市创新活动中发挥着重要作用，但是并不否认在一定环境下，知识创新、制度创新以及服务创新会成为制约城市创新发展的决定性因素。

综上所述，以上各种创新活动中，观念创新是城市发展的动力源泉，知识创新是城市发展的基础力量，产业创新是城市发展的中坚力量，制度创新是城市发展的基本保障，而服务创新在城市发展中起着润滑和桥梁的作用。

（二）城市创新的设定目标

城市创新要以改变原有的发展模式以及提升人们的生活质量为根本目的。这种新的发展模式要建立在保护生态环境的基础上，通过改进经济增长方式，不断提升人们的生活水平，主要表现在两个方面：首先要改变原有的陈旧观念，在制度创新和技术创新上有所突破，并在此基础上不断改进与完善；其次要以创新为动力推动整个城市在社会经济和科技教育以及生态环境方面持续健康发展。要实现两个目标，就要在科学有效管理、发展教育以及提升企业经济效益方面下足功夫。经济全球一体化发展的步伐越来越快，唯有依靠科学精准管理和技术不断进步才能在创新方面有所突破，同时要注重经济发展质量，改变落后的经济增长模式，不断提升企业经济效益，只有这样，才能在资源有限的情况下实现经济增长，促进生产力合理布局，有效利用资源，使城市能够健康持续运转。

（三）城市创新的主要功能

城市创新、国家创新以及企业创新有所区别，城市创新的主要目的就是满足城市及其周边地区的需求。其发展重点是行业创新，并将创新成果落地实施，进行产业化、规模化生产。城市创新是一个内部比较完善、能够独立运作的体系，以包括所在城市为一个整体区域，主要由区域内各创新主体、创新资源以及创新要素形成比较完善的创新功能体系。城市创新本身有着很强的自我反馈性质，即创新体系内部能够产生自发的、不断推动创新发展的源源动力，并在此基础上产生连锁反应，继而持续创新发展，从而提高整体区域经济发展质量。根据发展以城市为核心的区域经济需要，城市创新的主要作用可以总结为以下四个方面（如图 4-1 所示）：

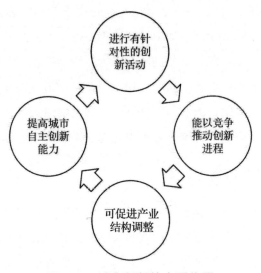

图 4-1　城市创新的主要作用

（1）进行有针对性的创新活动。城市是一个内部较为完善的地域系统，根据区域经济发展需求开展目标性很强的创新活动，以提高城市发展的速度和质量。根据我国城市创新发展的经验可以看出，北京市的经济开发区依托其比较发达的科学技术，主要以内向型创新为主要发展模式；深圳地区的经济开发区科技力量相对薄弱，采取从外面引进科技和人才的方法，以外向型创新为主体，巧妙避开了自己弱势的一面，取得了比较好的发展成果。

（2）能以竞争推动创新进程。一般而言，每个城市都有很多行业和企业，由于地理位置比较接近，相互之间会存在一定的竞争压力，但是对于企业产品升级换代、促进企业发展有一定益处。波特是美国著名经济学家，他很早就发表了"国际竞争地理优势"理论，根据这一理论，政府部门不能依靠其资源单独帮助某一企业或行业实现快速发展，而是要依靠其自身发展所形成的竞争力，并经过激烈竞争取得优势地位。城市创新能够推动其内部企业以及行业进行有序合理竞争，有利于企业或行业健康成长。

（3）可促进产业结构调整。城市创新的核心是产业创新，主要以新技术为主推进产业发展。同时，利用这些新技术形成的产业系统带动并辐射周边城市优化产业结构，从而进一步提升知识集约化程度。

（4）提高城市自主创新能力。城市创新是一种比较独立的创新行为，其包括的创新主体和创新要素比较多，能够形成比较完善的创新系统，既为长链创新奠定了良好基础，也为城市创新积累了较多经验。

三、区域经济中城市协调发展创新的策略

城市协调发展创新最根本的目标是利用创新活动带动城市及其周边地区经济健康长期发展。为实现这一目标，就要建立有效的市场机制，提升创新力度，以全新的思想观念和行为建立以市场目标为导向、以发展创新为核心、以实际应用为目的、强化政府服务功能的有效机制，大力发展科技，使之与教育、经济进一步整合，强化创新能力建设，提升城市综合竞争能力。可以采取以下五种措施提高创新能力：

（1）转变政府职能，提高政府主导创新的能力。在推进城市发展创新过程中，政府发挥着主要作用。政府部门责任人要时刻了解国际经济发展趋势以及全球科技进步水平，要结合城市基本情况设计有利于城市创新的制度，并全面把控宏观规划、政策制定、市场培育、人才引进以及服务措施方面，积极拓宽创新形式和创新渠道。

（2）进一步改善经济发展机制，建立健康有序的经济关系。企业是城市创新的主体力量，在市场竞争中占有主导地位。要鼓励引导企业实施创新，提高创新的质量和速度，进一步理顺促进经济发展的各种关系，节约使用资源，提升资源利用率，在不断实践的基础上建立行之有效的企业经营机制和市场运作机制。以市场需求为目标，积极培育和壮大市场，使市场机制在资源配置过程中发挥主要作用，让企业成为持续创新发展的主体，以及投资、经营和获取效益的主体。

（3）重视科学技术，改革现有科技机制，科学配置和合理运用资源。以分类管理的方式改革城市科技机构，合理设置公共研究部门，强化科技机构在城市创新活动中的主导作用，以及在推动产学研相互结合中所起的积极作用。重视高

校和科研部门在知识创新过程中发挥的关键作用,并加快将知识融入企业,提升企业竞争力。

(4) 建立有效的用人机制,加大培养创新人才的力度。人才是城市创新的积极推动力量。在人才合理流动的前提下,城市要营造留住人才、尊重人才、重视人才的社会风气,并建立公平竞争的人才应用机制,这就必须要有健全的市场体制与之相适应,并建立合理有效的人力资源开发机制。推进企业进行科技改革,提升企业市场竞争力。重视教育,提升教育投资水平,加快教育改革,使教育机构成为创新人才的培养基地,并发挥其在知识创新和宣传方面的作用。

(5) 引导并建立积极的文化观念,形成有利于创新的良好社会氛围。顺利实施创新必须要具备良好素质的创新主体和宽松的社会环境,人们要有创新发展的愿望以及自由开放的价值观。政府部门要结合当地文化特点制定适宜的创新政策,以提高当地区域经济建设的发展速度,相应地,区域发展又会带动区域经济进一步发展,以此形成良性循环,造福当地百姓。越来越多的实践表明,区域创新已经成为世界上很多国家提升经济实力的有力举措,也是振兴区域经济的动力源泉。

第二节　交易效率提高实现区域经济协调发展

交易效率低是我国落后地区经济发展水平低、与发达地区拉开差距造成区域非均衡发展的核心原因,缩小区域差距,实现区域均衡协调发展的关键在于落后地区的交易效率水平能否得到快速提高。而做到这一点,就需要努力改善那些影响交易效率的制约因素,换言之,要为落后地区营造出一个有利于提高交易效率的经济环境。作为地区经济发展背后最重要的驱动力,交易效率的改进直接受到是否拥有一个健全的能够自由决策的市场制度的影响,缩小我国地区间经济水平与收入差距,促进区域交易效率均衡协调发展的关键环节就是要真正落实和深化市场体制改革。

　　分析市场主体对资源配置的平等影响力是市场机制正常发挥的核心条件，是市场经济体制建立所需要遵循的建设规则核心，是不偏离方向地制定对市场活动各种具体规范的基础保证，是维护市场经济体制、发挥对经济活动与经济资源配置的正确作用的保证，是不断完善市场化改革的核心发力点。

　　不断完善我国的社会主义市场经济是一项系统工程，包括完善市场活动的方方面面。这些方面不是彼此独立的，只有抓住核心，才能通过彼此的有机联系实现市场经济作用的真正发挥，达到高效配置资源、促进创新、实现经济社会建设目标的改革目的。

　　综上可知，交易效率的提高依靠市场化程度的加深。我国落后地区的经济发展需要依靠市场化改革来不断提高地区内的交易效率，从而推动分工发展，使经济增长。改革的目标就是提升交易技术水平与交易制度环境。

　　从提高交易技术角度而言，在不过分影响效率的前提下，国家应加大对中西部地区的投入。投入的内容如下：①保护中西部地区自然环境的支出，以保护这些地区脆弱的生态环境，也就是保护好自然条件，并在尊重自然规律的前提下，改造自然条件，提高这些地区的交易技术条件。②加大对中西部地区交通和基础设施的投入建设。这些改造与建设的目标是使贫困地区尽快达到市场化所需要的交易技术条件，发挥出市场配置资源的作用，提高交易效率，力求相对落后地区尽快获得自我调节、自我"造血"的能力。③国家应增加对中西部地区的投入，在建设初期为贫困地区筹集到足够的生产要素，包括高素质人才、必要的资本、技术与管理等。这些是贫困地区初期无法靠自身能力筹集来的。

　　从完善交易制度环境角度来说，应做到以下四点：①国家要出台更多深化市场改革的政策，让市场发挥更多自发的资源配置作用，促进交易活动的发生、发展；②建设社会主义法制社会，完善市场交易规则；③进一步扫除因既得利益被破坏而产生的阻挠，进一步深化改革；④进一步促进国内与国际人民的思想文化交流，破除落后地区不符合现代生产的旧思维、旧观念，以提高交易效率。

　　总之，对我国地区间经济发展与收入差距的研究一直是学者关注的重要问题之一，无论是理论研究，还是经验探索，都为缩小我国较大的区域差距格局、实现区域均衡协调发展提供了极富价值的学术见解。为深入探寻造成地区之间差距的深刻原因，本书引入了交易效率的概念，利用经典的分工原理将两者紧密联系在一起。分析其联系机制，并在新兴古典经济学的框架下构建区域经济发展的模型，证明了交易效率、分工演进和地区人均收入水平间的逻辑关系。本书的研究结论为，交易效率通过影响分工水平，成为地区经济发展、人均收入提高背后最重要的驱动力之一。

交易效率水平的改进促进区内分工结构从自给自足逐步演进到完全分工。这一过程就是人均收入水平提高的过程。经济系统的发展是一个不断从低水平向更高水平均衡演进的过程。在这一演进过程中，不同地区之间由于在交易技术条件上，即自然条件、交通条件及基础设施条件和交易制度环境条件上，即经济政策、法制环境以及思想文化与习俗，存在着较大差异，因而形成不同水平的交易效率。交易效率的差异是我国地区间人均真实收入差距和变化的根源。由此，本书进一步指出要想缩小我国东部与中西部地区之间的差距，必须继续深化中西部地区的市场经济体制改革，总体上一个有利于改善交易效率的制度环境，将有助于中西部地区交易效率的快速演进，从而缩小与东部地区的发展差距。

本书对区域差距问题的研究突破了传统新古典分析框架，并将当前学者普遍认同的制度因素对于经济增长具有关键作用的重要思想通过模型形式化。本书的理论分析进一步丰富了我国地区间经济发展与人均收入差距问题的研究思路，从一个全新的视角揭示了地区间差距发展和变化的过程中存在的一般规律，提出了一些具有启发性的见解。同时，本书的研究结论也为落后地区通过加快市场化进程、提高专业化分工水平，促进区域内与地区间交易水平的改进，从而尽快缩小与发达地区的经济发展差距，实现区域经济的均衡协调发展提供了有力的理论支持。

第三节　科技转型创新推动区域经济协调发展

科学技术是第一生产力，而生产力水平和经济发展速度具有显著的相关性，通过科学技术的不断创新，可以促进社会经济快速发展，并将科学技术的实用价值充分展现出来。目前我国经济发展模式还处于转型阶段，要想进一步推动经济发展模式实现转型，就需要借助科技创新的力量。分析和探讨以科技创新推动经济发展模式转型非常重要，有利于创新型国家的发展和科技强国的建设，具体做法如图 4-2 所示。

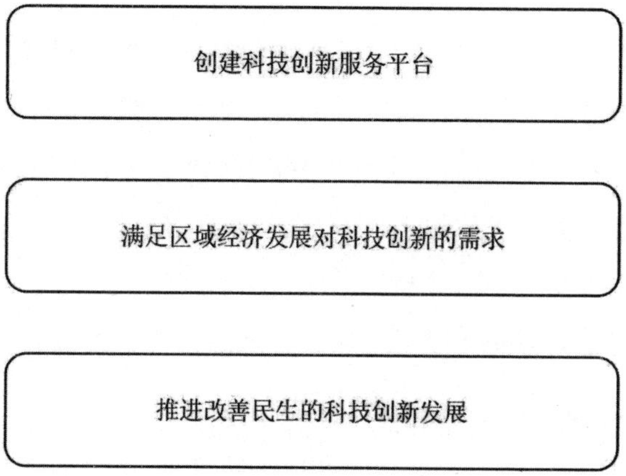

```
┌─────────────────────────────────────┐
│          创建科技创新服务平台            │
└─────────────────────────────────────┘

┌─────────────────────────────────────┐
│        满足区域经济发展对科技创新的需求      │
└─────────────────────────────────────┘

┌─────────────────────────────────────┐
│         推进改善民生的科技创新发展         │
└─────────────────────────────────────┘
```

图 4-2　科技转型创新推动区域经济协调发展策略

一、创建科技创新服务平台

为了促进经济发展模式成功实现转型，企业和科研机构需要联合起来，共同搭建科技创新服务平台，大力推动科技创新发展，改进和优化产品生产流程，促使现有资源得到最大化利用，在降低生产成本的同时，还要保护自然环境，使市场经济得以快速发展。在创新平台建设期间，根据社会经济发展的实际需求，在一些特殊的经济需求区域创建重点实验室，建设各种服务型创新平台，提高企业的积极性和参与度，并将创新技术与生产流程融合起来，促进经济发展模式实现转型和升级。

除此之外，在搭建科技创新服务平台过程中，各部门应该有效整合科技资源，确定技术创新研发领域。此外，利用先进的互联网技术创设充满创新精神的科技环境，实现信息资源共享。在研发创新体制过程中，企业要充分发挥自身的主导功能，与地方高校、科研机构建立合作关系，企业为实现创新发展目标提供资金保障，而高校和科研机构为创新发展提供技术支持和优秀人才，从而有效实现科技创新，促进经济转型发展。

二、满足区域经济发展对科技创新的需求

经济发展相对落后的地区更应该加强科技创新发展，从长远角度出发，根据社会发展的实际情况制定相应的规划和方案，明确科技创新的发展目标，并为创新发展提供相应保障，通过加强自身的核心竞争力，提高在市场环境中的地位。除此之外，从人才供应的角度来看，需要加强基础实力的建设。高中生的各方面素质和能力已经相对成熟，并具有较大的发展潜力，而且高中时期也恰恰是培养学生科技创新意识的重要时期，应该针对高中学生展开创新意识培养，从而为将来科技创新发展培养更加优秀的人才。与此同时，还应该有效落实科技创新鼓励政策，激励高新技术企业主动参与创新项目活动，保证科技创新的发展目标得以快速实现，在创新驱动力的作用下，实现区域经济水平的提高。

三、推进改善民生的科技创新发展

改变人们的生活方式，提高人们的生活水平也是促进经济发展模式实现转型的基本方式。经济发展模式转型过程中应该融入科技创新，重点推动民生科技发展。政府作为科技发展的引领者，要充分发挥自身的引领功能，组织和落实各项创新活动，推动民生创新发展，制造出大量科技产品，同时确保产品能够达到循环利用的效果，培养居民节能环保意识，促进城市经济实现绿色化发展。

现如今，我国经济发展模式处于转型的过渡阶段，相关工作者应该全身心投入科学技术创新工作中，将科技创新技术与经济发展充分融合，并将科学技术创新作为经济发展的驱动力，促进经济发展模式实现转型，从而保障我国社会经济的可持续发展。

第四节　新兴产业促进区域经济协调发展机制

下面以江苏省为例，具体探讨新兴产业促进区域经济协调发展机制。随着时代的发展、科技的进步，物联网在人们的生活中发挥着巨大作用。作为一种新兴产业，物联网凭借其深厚的发展根基为江苏带来了巨大的经济效能，也带动了江苏经济的转型。为了与国家五年计划长远发展的目标相契合，江苏有必要采取一些有助于经济发展的手段。在这一前提下，物联网的开发为江苏省经济的长远发展提供了条件。江苏省应当在原有基础上进一步开发物联网，使其更加符合时代发展的要求。要想充分利用物联网，让其为江苏的经济发展服务，就必须从各个角度分析物联网的优弊，将优势发挥到最大。同时应当结合时代背景，积极摸索物联网的时代意义，把握好历史机遇。下面将从如何借助物联网实现江苏经济转型以及借助物联网后会产生的成效两个方面展开论述。

一、物联网促进区域经济转型升级的现实基础

经济转型的方向要从多个方面考虑，为了迎合我国可持续发展战略，江苏省经济转型的方向也必然要考虑更加节能、更能带动各方面经济发展的产业。物联网不仅能满足以上两个需求，而且经过国家五年计划的规划与发展，物联网已经发展成为江苏省众多产业中比较成熟的类型，是江苏省创新与高科技相结合的代表性产业。

（一）物联网促进区域经济转型升级发展的向好态势

第一，产业规模领跑全国。无锡作为物联网发展的核心区，产业聚集态势十分明显，作为全国发展物联网的先行省份，江苏省取得了巨大成果，其中以无锡市的"智慧城市"为代表，效果最为显著，无锡"智慧城市"成为中国物联网在全球处于领先地位的鲜明标志，其技术、规模等都能成为别国效仿的榜样。无

锡市的"智慧城市"不仅有助于推动市区的经济建设、产业转型，对市民的生活也有显著影响。人民的生活在物联网的影响下更加便捷，无锡市成为全球人民幸福感最强的城市之一。无锡"智慧城市"的发展为我国其他省份树立了榜样，这更加说明发展物联网是时代的选择，物联网的发展有助于提高我国国际地位和影响力。

第二，各个市区分工明确，最大限度地发挥了产业集聚的优势。经过省内各个市的长期摸索，江苏省采取了如下措施：传承省内各个地区的优良传统，将不同地区的优势充分结合起来，使效益最大化，如发挥泰州医疗的长处等，让所有行使独立功能的地区通过物联网整合在一起。在发挥各个地区长处的同时，以无锡、苏州、南京为核心地区，带领其余地区发展。这一现状的好处在于能够将各个地区的优势最大化，并把各个地区的优势结合起来，弥补不足，充分利用了产业集聚的优势，同时带动其他地区物联网的进步。

第三，经过长时间发展实现了技术难关的突破。江苏省将一大批人力、物力投入物联网的建设中，最大的成果就是随着时间的流逝，物联网企业突破了大量技术难题，掌握了物联网发展的核心技术，例如，芯片开发等高端技术得到了普遍应用。与此同时，物联网从最初研发时适用于少数领域的状况逐步过渡到现如今涉及环境、医疗、通信等各个方面的优势局势，在江苏省经济转型中，社会发展等各个方面发挥了不可磨灭的作用。

（二）物联网促进区域经济转型升级发展的资源禀赋

第一，江苏省鼓励创新的政策以及领先全国的科技水准为物联网促进经济转型的战略奠定了基础。科技是第一生产力，当前社会实现经济转型的首要条件是发展科技。物联网的发展对创新以及高端技术的要求比较高，需要适合的环境作为培基。江苏省对人才、科技的追求一直领先全国，科技进步贡献率极高，这就为物联网的发展打下了基础。同时，江苏省没有止步不前，仍然以向中等发达国家的科技水平靠拢为目标。

第二，江苏省对人才大力培养，高度重视教育的政策从侧面支持了物联网促进经济转型这一战略。物联网建设所需要的人才除了从先进发达地区引进以外，最为可靠的方法便是培养省内人才。全民教育水准的普遍提高为培养创新人才提供了合适的土壤。江苏省自古文化底蕴深厚，人杰地灵，省内有一大批名校名师。在政策的推动下，江苏省的名家在物联网发展之初便参与讨论研究。江苏省物联网的发展迅速与省内崇尚教育的风气分不开。

第三，江苏省的雄厚经济实力为物联网促进经济转型战略提供了条件。物联网促进经济转型这一战略在江苏省的顺利实施不仅是因为江苏省优越的科技、人才条件，更重要的是江苏省具备发展物联网雄厚的综合实力。雄厚的经济实力、优越的地理位置以及深厚的历史底蕴使江苏省有得天独厚的发展条件，经济水平位居全国前列。在国家的大力支持下，苏中、苏北、苏南地区的差异渐趋缩小，城乡统筹发展，各个地区的优势能够较好地结合起来。因为有强有力的经济支持，江苏省各方面的建设如环境建设、互联网通信、医疗条件等都得到了良好发展。各个领域的全面发展为物联网在江苏省落户，促进经济转型奠定了基础。

二、物联网促进区域经济转型升级的作用机制

经济基础决定上层建筑，为了满足不断发展的经济需要，江苏省的产业也应该随着时代的发展而进行革新。传统的高污染、低效能的产业要迅速转型，而由于江苏省自身经济实力以及科技创新能力的领先性，新产业的形成不是问题。但是新产业要想长久立足，在短时间内产生群聚效应，形成完整的产业链条，实现产业结构的转型并不是一件容易的事情。物联网作为与互联网相结合的新产业，涉及的领域广泛，包含医疗建设、环境建设、信息技术通信等各个新方向，而且成本低，容易着手，将物联网的优势发挥到最大，将会为江苏省的经济转型带来不可小觑的影响。将从以下几方面阐述物联网为经济转型所带来的优势：

第一，加快江苏省旧产业链过渡到新产业链的转变进程。物联网的产业都属于比较尖端的行业，如信息通信技术、医疗建设等，与传统的高污染、低收益的产业相比，发展物联网有助于带动江苏省产业向高端水平发展。综上所述，江苏省自身教育的优越性以及科技与时俱进的态势使发展物联网产业成为可能。全球对高科技的追求、尖端技术的优越性、国家政策的扶持都使科学技术得到飞快发展，特别是通信技术更新换代迅速，在这样一种大环境下，物联网产业必然能有良好的发展态势。而物联网产业的发展将为江苏省经济转型提供更为便利的绿色通道。

第二，带动新的高端技术发展。技术水平的高低与产业结构的发展相辅相成，要想带动江苏省产业结构升级以及尽快实现省内经济转型，就必须发展相应的高端技术。实践表明，发展物联网产业对技术革新有着极为关键的作用。另外，无锡市是早年发展物联网产业，建设"智慧城市"的地区之一，经过多年来对高端技术的钻研，无锡市已经在部分关键领域得到了长足发展，成为我国发达城市的代表，在全球科技大国中也享有一定话语权，甚至能够参与到机要技术标准制定的行动中。技术的进步必然带动经济的发展，无锡市作为发展物联网产业的榜样，给其他地区提供了启发。技术成果的发展能够带动经济的转型，从而反映了物联网产业的积极性。

第三，确保产品的更新换代与产业转型相同步。随着时代的发展、产业链条的优化，产品必然会从传统类型转变发展。物联网产业的推动有助于企业提前掌握好市场动态，将各个领域的需求加以汇总整理。在这个更新换代节奏加快的时代，物联网企业有必要对产品进行调整，使其与市场需求相契合，减少不必要的浪费。物联网企业将各个高端产业联系在一起，在当今社会，互联网已经成为一个不可缺少的环节，由于网络的出现，世界变成了地球村，各行各业都能利用到互联网的优势，而物联网企业所要做的就是将各行各业使用互联网的潜能开发出来，使每个产业都能适应时代进步。当各个领域的科技水平都保持在前列时，江苏省的经济转型速度将会明显提升。

第四，使优势资源能够集聚在一起，减少交通运输、资源分配不均等问题带来的经济损失。物联网产业将各个地区的产业集合在一起，有助于产业加速，产生群聚效应，促进产业链的形成，加快经济结构转型。不同地区的优势产业得以飞速发展，成为该地区的核心产业。以江苏省为例，由于地理环境、科研侧重方向等不同，导致江苏省不同地区高新产业的发展方向有所区别，而物联网产业的运用使各个地区的特色产业更加突出，充分发挥不同地区的产业优势，使各个地区的优势产业集约发展。例如，无锡市主要侧重电子信息、传感器材料等的发展，而南京则以系统集成等为重心。物联网企业的优势就在于促进这些地区形成优势产业集聚地，为经济转型提供条件。

三、物联网促进区域经济转型升级的实现路径

不同时代，主导经济发展的核心产业不同，在当今社会，网络遍布世界，给人们的生产生活带来了很大便利。同时，一个国家发展水平的高低也取决于国家信息技术的发展水平。要通过支持物联网企业来带动信息技术的发展，在这个过程中，不仅要支持推动经济发展的核心产业，也要将物联网企业积极应用到传统产业的转型中。

物联网的作用便是借助互联网将不同领域的产业结合起来。物联网的实用价值高，发展物联网企业不仅对发展高科技产业有便利之处，而且在提高人民生活水平等方面也有着不可忽视的优势。因为物联网不仅能推动核心产业的发展，而且能将信息技术渗透其他产业中，将生活中常见的产业链条与互联网相融合。

物联网的融合特性就是借助物联网，推动传统产业的更新转型，加速对这些产业的推广和销售。这些传统产业包括但不限于以信息技术为发展核心的产业，生活生产中的各行各业都能得到物联网带来的好处。

要想使经济迅速转型得到长足发展，首先要避免传统产业对新兴产业的负面影响。在新兴产业产生初期，既要保持其发展活力以及创新性，也要确保对传统产业的带动。而物联网的发展不仅为新兴企业提供了创新的环境，而且能够渗透传统企业，将信息技术应用到传统企业中，加快其转型发展。创新与融合是发展物联网的重要特点，物联网促进区域经济转型升级的实现路径如图4-3所示。

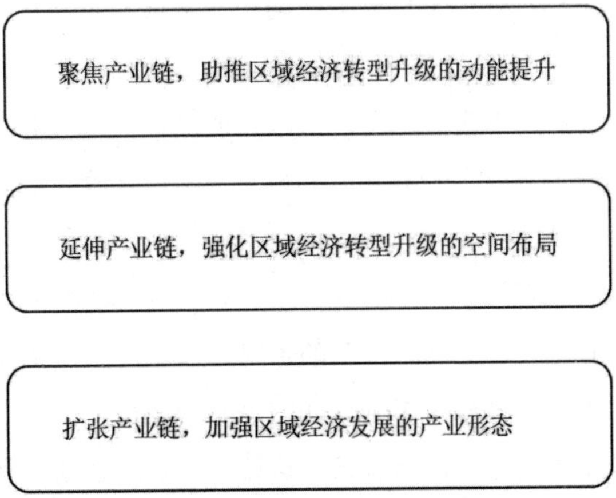

聚焦产业链，助推区域经济转型升级的动能提升

延伸产业链，强化区域经济转型升级的空间布局

扩张产业链，加强区域经济发展的产业形态

图4-3　物联网促进区域经济转型升级的实现路径

（一）聚焦产业链，助推区域经济转型升级的动能提升

发展好物联网企业对经济转型有着重要作用，但是要想使物联网企业有长足的发展，要优先发展物联网的核心领域，而被物联网所渗透的附加产业应该次之。只有主次分明，物联网企业才能集中优势迅速发展。而物联网的核心产业直接关系信息技术等以研发相关科技产品、策划物联网为目的的产业。主次分明，才能使资源合理分配，效益最大化。

第一，在产业革命发生时期，如果一个国家掌握了核心技术，这个国家将在未来一段时间内掌握领导权，甚至能够主持规则的制定。发展物联网企业要确保这一理念，即注重产业领域的主次，确保核心技术得到发展，应当以创新为根本，发展人才型产业。在物联网兴起的新时期，要大力发展科技，鼓励创新，提早占领全球市场。当技术得到保证时，相应的经济实力也必然会得到提升。以江苏的发展为例，一方面，加紧研制核心技术，如系统集成、硬件等，突破技术难关，掌握专利，在发展后期参与国际标准的制定过程；另一方面，应当将物联网的优势渗透其他领域，保证次要方面也得到发展，江苏省应当使物联网技术得到全方位开发。以上观念便是以物联网的创新性与融合性为根基进行阐述的。

第二，应当将物联网企业聚集起来，形成专业平台，提升物联网企业的知名度。物联网企业属于近年来的新兴企业，应当将同种类型的企业聚集在一起，设计服务平台，吸引受众，加快发展转型。以江苏省无锡市为例，无锡市作为崇尚创新与科技的大城市，不仅注重提升物联网技术含量，而且专注物联网相关企业的包装。经过长期发展，无锡市的权威服务平台已经有多家，这些平台由于资历老、技术高，甚至在国际上享有一定话语权。但是，物联网平台的打造绝不应当只限于此，还应该积极吸收国外的先进经验，不断提升教育水平。搭建物联网平台不仅可以提升自身知名度，而且可以为新兴的相关产业提供咨询和指导，满足物联网企业的需求。搭建物联网平台是一个长期发展、不断革新的过程。

第三，明确核心产业对物联网发展的重要意义，发展一批先进企业，带动中小企业共同进步。无锡作为最早引进物联网企业的城市，成功的原因之一就在于无锡发展了一批领军企业。在国家政策的扶持下，领军企业得到了迅速发展，它们的发展壮大促进了核心技术的传播，这些领军企业提前抢占好市场资源，为以

后中小企业的发展提供了范式。无锡多家企业指导方针正确，已经成为全球的领先企业，如无锡远景能源、感知集团等。高水平收入为企业的可持续发展提供了经济保障，而这些大企业名下又延伸出无数中小企业，这些中小企业在大企业的带动下欣欣向荣，发展态势良好。无锡市案例的成功表明，优先发展领军企业，让领军企业带动中小企业发展的方案是可行的。江苏省若想使物联网企业迅速发展，就应当出台政策，在经济、市场等方面扶植领军企业，树立起领军企业的品牌效应。这些优先成长起来的企业不仅掌握了高超的核心技术，而且自发带动了中小企业快速成长，为江苏省节省了不必要的财政开支。

（二）延伸产业链，强化区域经济转型升级的空间布局

在聚焦核心产业链，发展好物联网核心主导产业的同时，还需有效延伸产业链，扩大物联网技术和应用的产业覆盖面，加快物联网产业的区域集聚，优化区域产业空间布局，提升物联网产业集群功能，助推区域经济转型升级。

第一，积极拓宽物联网产业涉及的领域，尽力将信息技术与较多产业相融合。物联网产业的发展不应该仅仅局限于核心技术以及与物联网相关的产业，而是应结合时代发展的需要，不论是前端产业，还是后端产业，都能凭借大数据、信息技术等获得优势。不同的是，借助的技术不同，发展的难易程度也不同。通过与这些企业的融合渗透，物联网企业将扩大市场份额，形成更加完善的产业链，确保各行各业都能满足自己在信息技术方面的共同需求。

第二，产业布局也对产业的发展状况起到了不容忽视的关键作用。在发展物联网企业过程中，结合苏州、无锡、南京等发展实例就可以得知，只有发挥好每个地区的产业优势，才能最大限度地节约资源，形成聚集效应。整个江苏省应该突出不同地区的优势，这样物联网才能发挥它的价值。

就优化区域产业布局而言，首先应该明确，物联网的本质就是利用互联网将彼此独立的产业结合起来，提供便利。江苏省应当发掘各个地区自身独特的优势。在这个过程中，领军企业必不可少，领军企业在带动中小企业以及营造品牌效应等方面都有重要意义。以无锡、南京、苏州为例，这些城市有着坚实的经济基础、丰富的人才储备，适宜成为物联网企业发展的支撑，而其他不甚发达的中小城市则应当将自己的优势发挥到最大，努力配合无锡、南京、苏州。在这样一

种以大带小的氛围下，江苏省的经济必然会得到长足发展，而该地区的物联网企业一定会形成规模，最终实现经济结构转型。

（三）扩张产业链，加强区域经济发展的产业形态

在借助物联网促进经济转型过程中，要时刻把握好物联网的融合性与创新性特点。只发展新兴产业是远远不够的，在发展之初，新兴产业实力薄弱，容易遭到传统企业的排挤，受到的负面影响比较多。由此可见，融合也是重要的考虑因素。传统产业往往效能比较低，在这个大数据、信息技术飞速发展的时代，如果将物联网企业与传统产业结构相融合，带来的收益将是不可估量的。传统企业转型，一方面为新兴企业的发展提供了支持；另一方面加速了地区产业结构的调整，使得环境保护、生产效率等方面都有明显进步。同时，物联网渗透的领域最好也围绕人民的生活，真正实现科技造福人类。

第一，农业是人们生存的基础，如果将物联网产业应用在农业领域，就意味着农业领域再次迎来进步的革命。传统的农业生产往往带有很大不确定性，之所以效率低下，就是因为人们对自然灾害没有预见性。有了信息技术作为支持，物联网企业便可以发展智慧农业，帮助农民提高土地利用率、生产率，从而合理使用土地。在传统农业中，人们往往需要将大量时间和精力耗费在土地上，而收效可能甚微。借助物联网技术，可以合理规划土地。根据土壤质量将同一块土地划分为鱼塘、果林、农田等，还可以设置大棚培育，使植物有良好的生产条件，这一切都可以依托远程智能操控。如果智慧农业能够实现，人们不仅可以节约精力和时间，还能更加科学地管理土地，有助于农业的可持续发展。

第二，物联网技术也可以应用到工业中。工厂的文化历史悠久，不同产业革命时代的工厂都有所不同。传统的工厂可能面临着人员伤亡、排污不合格、环境不达标、产品由于工人的失误而偏离检测标准等问题。将物联网技术应用到工业中，可以减少工人数量，节约成本，凭借物联网技术对工厂监控，不仅可以提高工厂的安全性，而且有助于提高产品的精密程度。同时，物联网技术还可以提供售后服务，保证供应的产品产生问题时能够得到有效解决，形成完备的产业体系。

第三，第三产业带来的经济效益在国家经济中占比很大，如果能借助物联网对其转型升级，那么其带来的收益将不可估量。第三产业包括商业服务、物流运

输等。以物流运输为例，物联网技术可以将需要派送的快递分类、检测，节省时间，提高效率。而在商业中，可以将产品包装设计、后续服务等联合在一起，促进产业一体化。传统的服务业应当与时俱进，在这个收益巨大的方案面前，加快物联网技术对第三产业的渗透，使其得到转型，并长足发展。

第四，一切技术的发展都应当以造福人类为前提。物联网技术同样可以应用于社会公共管理领域以及民生领域。将物联网技术投入这些层面中，有助于提升市民幸福感，打造"智慧城市"。实现"智慧城市"的重要前提就是物联网技术的创新与融合，在传统的公共服务层面，可以借助物联网技术进行革新改造。例如，交通运输的管理、城市环境的保护等。打造"智慧城市"有助于为经济转型提供良好的环境基础。

第五节　区域经济协调发展的创新对策分析

本节以黑龙江省为例，具体探讨区域经济协调发展的创新对策。

一、提升煤炭资源型城市生态竞争力的对策

黑龙江省鸡西市是一座煤炭资源型城市，长期以来，依靠煤炭资源的发展模式造成煤炭资源衰竭、产业结构单一、生态环境失衡等问题，城市可持续发展受到阻碍。城市生态竞争力对提升城市的综合竞争力、增强城市可持续发展的能力有重要作用。

黑龙江省为我国发展提供了非常多的煤炭资源、石油资源，是我国非常重要的能源供应基地，黑龙江的振兴受到资源型城市转型的影响，黑龙江省鸡西市是以煤炭资源发展为主的资源型城市，但是，目前该市的煤炭资源已经基本消耗完毕，该市未来的发展应该在继续发展石墨资源产业、绿色食品产业、医药产业的基础上，注重生态城市的建设，提高城市在生态方面的竞争力，这有助于城市的转型和可持续发展。

生态城市最早是由联合国教科文组织提出的，提出之后受到了全世界的关注，很多学者认为生态城市的建设是重要的，并且对此展开了大量的理论研究、实践研究，获得了很多研究结果，虽然不同学者所持的观点不同，但是大家普遍认为只有保证生态和社会、经济、文明之间的和谐，才能让城市可持续发展下去。

生态对于城市竞争力的提升至关重要，生态竞争力体现出了一个城市生态建设的基本情况，城市生态竞争力的提高有助于城市未来的持续发展。城市的组成主要包括人口、环境、资源、经济以及社会，城市的各个组成部分之间有着千丝万缕的关联，各个因素相互影响，彼此制约，结伴发展。由此可见，应该重视城市生态的建设，城市自然资源的开发要合理，资源的配置要科学地优化。在注重城市经济发展的同时，要关注到城市环境的发展，尤其要注重环境的保护，只有这样，才能实现城市经济、自然社会资源的共同发展，才能让城市有可持续发展的动力。

煤炭资源型城市指的是该城市有非常多的煤炭资源，而且煤炭资源是城市发展的主要动力，能源城市的主导产业也是和煤炭相关的产业。煤炭资源型城市的特点是资源开采过度，城市的生态环境受到了非常严重的破坏，城市的产业发展单一，第三产业明显落后，而且这类城市经济转型往往比较困难，没有长久的持续发展能力。一定要提高城市在生态方面的竞争力，只有这样，才能使城市可持续发展。对于鸡西市来讲，生态竞争力的提升可以从以下措施入手：

（一）发展循环经济，建立生态工业体系

发展循环经济，建立生态工业体系的方法如图 4-4 所示。

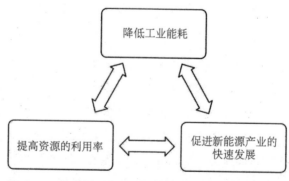

图 4-4 发展循环经济，建立生态工业体系的方法

首先，降低工业能耗。想要企业降低能耗，需要政府对企业和行业做出监督以及有效的引导，目前鸡西市的高耗能行业主要有采矿、煤炭以及石油等，这些行业是鸡西市进行节能减排工作需要重点引导的对象，在具体操作时，要先从源头上严格把关，严格控制高耗能项目的审批；与此同时，还要加快速度淘汰已经落后的产能；除此之外，高耗能企业的生产加工需要政府的有力监测和引导，政府需要根据企业能源消耗的具体情况采取相应措施；企业应该自觉淘汰耗能过高的设备，不断升级设备，使用更加环保的节能技术，减少工业污染物的排放，生产具有更高附加值的产品。

其次，促进新能源产业的快速发展。煤炭资源、石油资源越利用越少，发展新的能源是未来能源发展的必然趋势，也是经济可持续发展的唯一选择。从鸡西市能源产业结构来看，已经有一部分新能源产业在投资建设中，如光伏发电、风力发电、石墨烯等。目前，新能源产业的发展前景一片大好，鸡西市应该紧紧抓住这次发展时机，加大对新能源产业发展的投资，快速实现本市能源格局的更新，建设出以煤炭、石油、天然气为主导的，以风电、光伏发电、生物质能为辅助的新的能源格局，减少以煤供电的情况。

最后，提高资源的利用率。提高资源的利用率能够有效节约资源，提高资源和利用率应该更换掉能源消耗过高的设备，使用节能环保的新技术、新设备，从源头上减少能源的消耗，除此之外，还可以利用生产加工的余热、余能、余压。与此同时，也可以使用洁净煤，还可以使用天然气或者石油等其他能源。此外，应该对能源生产产生的废弃物进行二次利用，比如可以使用煤炭燃烧产生的煤灰加工生产砖块，这样做既有效利用了废物，又保护了环境，还提高了经济产值。

（二）开发工业遗产，发展特色旅游业

工业遗产指的是开展工业活动建造的生产房间、储物仓库以及其他机械设备等，这些遗迹场所具有历史价值、科学价值、社会价值，虽然这些场所已经不再有生产活动，但是这些场所有悠久的历史，有过去这个城市工业发展的痕迹，而且整体面积比较大，如果对这些工业遗产进行二次改造并加以保护和利用，那么就可以记录下这个城市的工业文明进程。举例来说，可以将工业遗产建成休闲文化区，开展工业遗产旅游项目，国内和国外很多城市都进行了工业遗产旅游项目

的建设，比如比较知名的德国鲁尔区，在城市发展转型过程中，城市对工业遗产进行了改造和开发，将原来已经废弃了的设备建筑改造成艺术家工作的场所，也有的改造成了购物中心。对于鸡西市来说，可以在开发森林旅游、湿地旅游、冰雪旅游的基础上，投资建设工业遗产旅游项目，这样做既解决了建筑的闲置问题，还为城市提供了新的就业岗位，能够促进城市下岗职工的二次就业。除此之外，还有利于城市文化的建设，以及城市形象的提升，并带动城市第三产业快速发展。

（三）吸引高素质人才，完善人力资源结构

城市发展需要的最基本的也是最珍贵的资源就是人力资源，城市之间的发展竞争在本质上是城市人才的竞争，黑龙江在地理位置上处于我国北方，且属于边境，而且比较寒冷，相比之下，经济发展速度不是很快，对人才没有太大吸引力，再加之近几年黑龙江省的人才加速流出，其中包含很多中高素质的人才。鸡西市的人才流失更加严重，这对于鸡西市的转型来说是非常不利的，无论是政府，还是地方企业，都应该为了留住人才制定相关的措施和政策，比如为人才提供高薪酬、为人才提供更多的晋升渠道、解决人才的生活问题、为人才提供良好的生活环境等。除了要留住中端人才之外，还要引入高层次的、掌握科学技术的、有创新能力的人才，让本市的人才结构更加完善。此外，还要加大对教育及科技发展方面的资金投入，提高市民的知识水平和科技素养，让城市的人才供给能够持续。

二、黑龙江省参与中蒙俄经济走廊建设的对策

（一）改善政治环境，建立健全沟通协调机制

中蒙俄经济走廊指的是中国、蒙古以及俄罗斯三个国家制定的国家层面的战略，战略涉及众多省份、众多部门，为了更好地推进中蒙俄之间经济走廊的建设，应该加强与国家各级政府之间的沟通，建立部门之间的协作机制，共同协商解决合作中存在的重大问题。首先，黑龙江省应该和俄罗斯远东地区的政府保持稳定的沟通和交流，获取俄罗斯经济合作方面政策上的支持，黑龙江省也应该和

俄罗斯、蒙古的政府组织、社会组织之间展开更多的交流合作，建立和蒙古以及俄罗斯之间的信任，并且以友好城市为桥梁，建立与不同国家政府之间的合作机制；其次，鼓励黑龙江省内的企业和俄罗斯、蒙古的企业展开紧密合作，加强沟通交流，帮助企业搭建交流平台，让协调合作机制发展出更多层次；最后，黑龙江省应该积极联合辽宁、吉林以及内蒙古等周边省份，统筹规划，带动周边城市协调发展。

（二）加快交通基础设施发展，实现互联互通

我国想要实现经济对外开放，需要建设完善的基础设施，设施的完善能够让产品更好地流入流出，从而有效带动地区的经济发展。黑龙江省应该加快基础设施建设，为产品的跨境运输提供完善的基础设施，无论是在陆路、水路方面，还是在航空方面，都要建设出国际经贸通道；与此同时，还要加强电网、光缆的建设。首先，公路方面的建设应该打通重点城市、边境口岸以及产业园区之间的道路，形成全面覆盖的公路网；其次，中蒙俄应该共同推进跨境设施建设上的互联互通，基础设施的建设应该以现状和未来的主要规划为基础展开，要注重技术方面、标准方面的互联互通，尤其要加强黑龙江对俄罗斯方面的铁路口岸建设，完善基础设施；再次，应该将哈尔滨太平机场打造成东北亚地区的国际枢纽中心，完善哈尔滨机场的功能设施，与此同时，还要规划开设哈尔滨对美国及欧洲的国际航班；最后，要加强中蒙俄跨境网络设施建设，当今世界是互联网的时代，是信息化的时代，技术的出现使得传统的生产方式、贸易方式发生了改变，互联网基础设施的建设至关重要，应该保证中蒙俄之间有完善的功能设施、通信设施，加强国际通信上的互联互通。

（三）以对俄合作为重点，推进全方位对外开放

中、蒙、俄三个国家无论是在经济方面、贸易方面，还是在投资方面，都有巨大的合作潜力，黑龙江始终是对俄罗斯经贸方面的第一合作大省，在对蒙古方面，也具有非常强的合作优势。黑龙江应该抓住这次中蒙俄经济走廊的建设时机，继续加强和俄罗斯方面的经贸合作，促进合作的转型和升级；与此同时，要加深和蒙古方面的合作深度、合作广度。首先，口岸设施建设应该尽快完善，尽

快改造和翻新，海关对货物的监管、检验机制应该得到完善，加强口岸货物检验过关的能力，与此同时，还要推进口岸的信息化建设，让口岸通关更加便利。除此之外，在执法和监管方面应该和蒙古以及俄罗斯互联互通。其次，应该建设和蒙古以及俄罗斯的跨界经济合作区，尤其要推动省内绥芬河、黑河地区经济合作区的建设工作，可以采用进口原材料在省内加工，然后出口到国外的贸易方式。与此同时，鼓励省内的企业和国外的企业开展石油、矿产、木材、农作物方面的加工合作，建构出完整的产业链条，实现产业发展之间的连接。最后，要加强电子商务的跨境发展，跨境电子商务能够让贸易更加便利，目前黑龙江省已经建立了对俄罗斯跨境电子商务平台，接下来的计划是要建设同时面向俄罗斯和蒙古的跨境电子商务平台，还要注重平台功能的完善，在平台上多推出省内的优质产品，利用平台和国际上的企业展开商品交易。

第五章　区域经济多维度合作及其发展格局

第一节　区域经济合作与推进形式

一、基于区际优势重组的区域经济合作

（一）区际优势重组的动态分析

区际优势重组指的是区际竞争以及区际合作过程中，形成区域优势、强化区域优势以及转换区域优势的过程，在这个过程中，区际间的优势在动态变化中实现了优势互补。需要注意的是，不同区域的优势要素是不同的，在经济、产业等方面的发展水平也会有较大差异，发达地区和欠发达地区在重组区际优势时也有各自的发展任务和目标，使用的扩展方式、重组机制也是有差异的。虽然区域存在差异，但是区域的发展和重组都是为了让区域能够快速、优质地发展。

第一，发达区域和欠发达区域的优势要素不同，不论是要素的类别、要素的质量，还是要素的数量和结构，不同的区域都表现出水平的差异，相应地，各个区域的短缺要素也有很大差异。从整体上看，我国东部地区的短缺要素是自然资源，西部地区的短缺要素是资本要素和技术要素，优势要素是自然资源。在这样的整体环境下进行优势重组，必然会发生某一区域对其他区域要素的吸纳，吸纳

要素是为了弥补自身区域在发展方面的不足，实现本区域内要素的优化，让区域整体要素的结构得到升级，这个动态过程的最终目的是实现优势的现实化转化、绝对化转化以及强势转化。在区际优势重组过程中，假如每个区域都能将自身发展需要的外部优势要素吸纳进来，不断和自身的要素结合发展，完善自身区域的要素结构，那么区域经济发展必然会形成非常强劲的系统合力，系统合力必然会大于各个区域产生的效率之和。

第二，在区际优势重组过程中，区域具有的优势会因为重组过程而发生变化，对象的内涵也会发生转变。区际优势重组主要是将区域内具有的优势要素和产业重组。在重组过程中，优势要素的质量、数量、结构都会呈现动态变化的特点，如果某一区域因为缺少某些要素而吸纳外来要素，或者因为其他区域发展的压力而不得不吸纳外来要素，那么这一区域内的优势要素就会发生质量、数量、结构的优化，从而使本区域的优势力度得到提高。某一区域优势要素的提升会给其他区域的发展造成压力，其他区域在这一压力下也会不断提高自己的优势，这是一个动态的循环过程，区域的不断发展和变化，以及自身优势要素数量、结构、质量的不断优化会促进整个区际优势要素的数量、质量、结构发生转变，进而促进区际优势的扩展和提高。

第三，因为各个区域的经济水平不同，所以在区际优势重组中，不同区域要发展的优势、要吸纳的优势也是不同的。之所以会形成发达区域和欠发达区域的差别，在一定程度上是因为发达区域本身具有的优势要素数量比较多、质量比较好、结构比较完整。发达区域本身就处于区域中的高层次水平，与此同时，发达区域优秀的发展状况对其他地区的要素也形成了强大的吸引力，但是，如果吸纳的要素过多，造成了要素的累积，就会导致整个区域要素利用率下降。例如，沿海城市发展的上升期，很多人才争相去沿海城市发展，这就会导致沿海城市人才过剩，降低本区域的边际收益，也使得区域环境逐渐走向恶化。

在发展自身优势进行优势重组过程中，应该要注意避免暴露自己的劣势，要利用各种方式促进优势的形成。可以吸引区域之外的资本投资，还可以向外扩张自己区域的优势要素，从外部吸纳区域发展需要的短缺要素；还要重视短缺要素在本区域的发展，把短缺要素逐渐发展成区域的优势要素。欠发达地区由于自身优势要素以及区域结构发展的不完善，因此在优势重组发展中，主要是吸纳区域外的要素，促进自身优势要素的发展，重点是将外部优势培养成自己区域的现实优势，将原来的一般优势发展成绝对优势，将本来低层次的优势或者产业转变成高层次的优势或者产业。相对于发达地区，欠发达地区的优势重组难度更大、风险更高，而且欠发达地区的市场主体本身实力薄弱、素质不高，在转化过程中，一般需要外部力量的干预加以保护。

需要注意的是，中央政府对优势重组的干预和区域主体对优势重组的干预存在程度上的差别。区域主体的干预主要是为了本区域的利益，会根据目前区域的优势条件、优势要素来确立区域优势重组的目标。在具体重组过程中，主要有两方面的影响：首先是区域进行优势重组的目标，其次是政府对区域发展做出的布局、为区域发展确立的目标。在优势目标构建的过程中，某一个区域构建的优势目标可能和其他区域想要构建的优势目标重合，在经过一定的发展后，原来处于优势地位的区域可能会因为其他区域的发展而被超越。

一旦出现这种情况，就必须要发挥中央政府的协调作用，展开协调是为了避免市场机制作用下资源的浪费。中央政府在进行协调时，需要参考区域的整体布局、区域的经济目标，应该平衡经济成本和社会成本、近期收益和远期收益，还应该平衡公平和效率。因为不同时期下的中央政府有不同的发展侧重点，所以对于优势重组做出的协调也会根据情况有所不同。如果目前中央政府想要关注近期收益、关注经济成本、关注效率，那么中央政府在进行区域优先发展的协调工作上就会比较侧重选择原有经济发展比较好的区域；相反，如果中央政府关注的是远期收益、公平或者是社会成本，那么就会选择欠发达区。在优势协调发展过程中，基本点是要使全国的区域分工更加合理，要在整体上实现各个地区的经济协调发展，提高全社会的经济福利。

（二）区际贸易与分层竞争

区际贸易的特征是存在产业以及产品的交换，相比普通的产品交易，区际贸易是不同的，它有非常明显的主体地域性，自然而然地，产品也带有了地域的整体特征，产品之间的竞争表现为区域之间的竞争或者区域特色产品之间的竞争。区域之间的竞争可能是优势产业之间的竞争、优势产业和其他地区非优势产业之间的竞争，也有可能是不同地区优势产品群体之间的竞争。比如，四川名酒和云南名烟之间的竞争，这样的产品带有非常明显的地域特征，在整个市场中，不同区域的特征产品共同占有市场。

在区际贸易竞争中形成的优势主要是区域自身的优势或者市场需求决定的。区际贸易中的区域优势是竞争的主体力量，其具有区域优势能够让主体更快地进入市场，无论这种优势是地区的绝对优势，还是地区的相对优势，都不会对问题造成本质性影响。对于市场需求来讲，它是有界限的，由于用户的需求不同、用户的购买能力不同，产品在市场上获得的空间是有限的。区域之间的竞争主要是为了分割更多的市场份额，获得更大的市场空间，显然有竞争优势的区域产品会占有更多市场。

总的来说，每个区域都会有自己的区域特色，也会有带有区域特征的特色产品、特色产业，除了一些特殊的极端情况，一般来讲，区域产品不可能独占市场，在市场当中某一种类型的产品一定会有与之相关的类似产品，虽然那些产品可能并没有竞争优势，但是一定会有相同产业的同构现象。也就是说，区域内的某一产品或者某一产业一定会在整个区际当中有竞争者，也只有在竞争的条件下，才能够突显产品或者产业的优势区域。

另外，区际竞争中的市场细分及市场层次将表现出新的特点。就一般意义而言，市场细分是指市场营销者根据消费者具体特点的明显差异性，把一种产品的消费者分割为若干消费者组群，每个消费者组群就是一个细分化的市场，以便于企业在繁杂的消费需求中找到适合其经营能力和特点的具体营销范围，获得更好的营销效果。市场层次则是指因发展水平不同而形成的不同级别。商品流通的规模、结构、品种的复杂程度不同，市场服务对象的差异对市场有着不同要求；商品流通机构交易网点的数量、企业规模、专业化程度以及通信、运输和其他服务机构的规模也是不同的，各个级别、层级的市场，其联系范围、复杂程度、服务及影响范围存在着许多差异。市场层次可分为低级市场、中级市场和高级市场，相应地，市场交易范围则是本地、区际、全国性乃至国际性的商品交换。

就区际贸易而论，其市场的细分则带有宏观性的色彩。由于区际贸易与区域优势确立的一体化，区域市场可以从产业结构及产品结构的角度进行细分，根据产业或产品的特性或品质，将区域市场分为两类细分市场：一类市场是以各区域的优势要素为基础的产业层级（如高科技型产业、劳动密集型产业等）；另一类是以区域产品的品质特征为依据的产品层级（如名牌高级市场、大众商品市场等）。市场的细分与市场的层级紧密地结合在一起。

在区域优势以及市场需求的影响下，区域并非全面地进入市场，而是按照层次不断地进入，让本区域内的优势产品或者优势产业先进入市场有利于扩大区域的优势产品，巩固优势产品的市场地位。例如，我们可以利用分层竞争的方式来规范我国市场，我国东部地区和西部地区之间的贸易优势产品是不同的，东部地区主要发展的是技术，优势要素表现为技术产品、技术产业；西部地区主要具有的是资源优势，要素也表现为资源产品。两个区域可以根据自己具有的优势要素分层次地竞争和拓展，分层竞争能够最大限度减少资源浪费，能够让社会整体的经济福利得到提高，有助于区际的优势重组。

从理论的角度来讲，之所以会出现分层竞争，是因为存在市场机制，分层竞争符合市场对理性的"经纪人"提出的要求。但是市场竞争又有很强的无序性，特别是当市场机制不健全、不完善时，经纪人也会出现盲目竞争，盲目和优势产业、优势产品形成竞争关系，特别是当不同的优势产业之间能够获得的产品收益差异巨大时，这种盲目竞争会更加明显。很多时候会不可避免地出现产品同构、产品过度竞争的情况，这时就需要外在力量，也就是政府的干预，政府的领导协调和干预是市场发展不可缺少的力量。

二、区域经济合作的梯级推进形式

区域经济合作的梯级推进形式如图 5-1 所示。

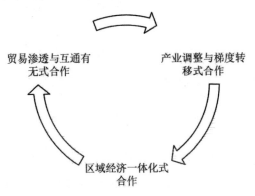

图 5-1 区域经济合作的梯级推进形式

（一）贸易渗透与互通有无式合作

贸易渗透和互通有无式合作属于初级区域经济合作形式，主要是商品在不同地区之间的交换和贸易往来，以此形成了商品的流通渠道。这种合作形式受到区位条件的影响，是在区域条件影响下自然而然形成的分工，这种分工是垂直性的，表现出相对较低的水平。在这种分工模式下的区域合作主要也是产品流通方面的合作。总的来说，这种贸易合作风险极低，成本消耗也比较低，适应性非常强。进行这种经济活动的主体往往在商品流通方面表现出非常强的自主性、灵活性，而且进行这种经济活动的主体企业规模比较小，但是在全国范围内的数量却非常多，这些小企业贯穿形成了交错复杂的商品流通网络，这种网络的形成避免了市场垄断、市场封锁。

垂直型分工主要发生在发达地区和欠发达地区之间，自然而然地在这两个地区之间就形成了贸易互补形式的合作，在西部地区受到地理条件的影响，很多都是腹地，交通不便利，没有形成完善的市场机制，市场上流通的产品也多是当地特产，没有形成产品的加工制造产业，没有市场竞争力，西部地区的市场有强烈的加工产品需求。相比之下，沿海地区有完整的加工制造业，但是生产能力渐渐饱和，需要对外扩大规模，开拓新的市场，而且沿海地区因为加工制造业的发达，更需要欠发达地区的生产原料和资源。

但是，这种垂直分工的贸易形式非常不利于欠发达地区的经济持续发展，其存在的价格剪刀差会让欠发达地区的经济遭受重大损失，无法让欠发达地区的优势转化成竞争优势，甚至会直接拉大发达地区和欠发达地区的经济差距。除此之外，欠发达地区的经济不能持续发展会导致地区的经济购买力逐渐下降，从而使欠发达地区经济发展缓慢，这也不利于东部地区的产品向西部地区发展。在以后的发展过程中，这种形式的区际贸易必然会被企业主导的形式所取代。

（二）产业调整与梯度转移式合作

纵观市场经济飞速发展的过程，始终是弱肉强食、适者生存，这样的竞争机制势必会诞生出一些不断壮大的企业，并且成为跨地区、跨行业的综合集团。诸如此类的综合企业集团通过地区间经济的活动逐渐促成了集团之内的经济行为，这不但降低了交易成本，而且对技术以及管理创新也是有益的。通过鼓励地方一些中小企业的发展，使得区域之间的资源配置也进一步优化，特别是在区域产业结构提升与调适层面起到了重要作用。

东部地区经济增长属于排头军，产业结构率先得到升级，随后，传统意义上的加工矿产资源、劳动密集型等产业包括造成较大污染的重工业逐步移往中西部。其实，这样的产业梯度转移是国家产业发展过程中的普遍规律。产业梯度由高向低转移过程中，绝不能缺少政府的鼓励和引导。

第一，政府在加大力度扶持中西部地区的一些小中企业时，首先应提升中西部地区的造血能力和发展态势，使其奋力吸取东部地区的经验，能够配合来自外地的综合企业，并与之一同发展。对于这一问题，值得学习的是意大利政府的措施，意大利有"中小企业王国"之称。自1976年，意大利政府配置高型技术装备成立了相关的金融租赁公司，并以低价租赁给中小企业，从而帮助其有序发展。1991年开始，意大利政府部门又通过了《扶持中小企业创新与发展法》，如果中小企业在技术上有新型的创造，那么便可给予税收、技术、资金方面的鼓励，随着政府的扶持，中小企业服务中心在全国发展开来。通过为企业邀请专家，及时解决技术改进过程中存在的问题。近几年，在中小企业集中地区布满了政府的工业园，为的就是实现对中小企业的多元服务。其中的关键是具有特色的中小企业始终被意大利政府所推行。大家普遍认为中小企业的成功离不开专业性强、分工精细的工作方式。一些中小企业利用政府帮扶政策，分工精细、专业协作，逐渐创造出了富有自我特色的道路。落后区域的中小企业为了使经济发展有质的飞跃，则要进一步重视产业集群带来的经济效果。

第二，政府要适配各个区域的产业发展，就要制定合理可行的适合区域产业发展的政策。政策制定的目标不但要利于不同地区发挥具有自我特色的优势产业，以防产业结构雷同，而且要帮助落后地区利用后发展的优势超越优秀的地区。

综上所述，为了更好地适配全国性产业结构调整以及国内分工体系，中西部区域既要依据传统的垂直型分工实现要素的秉承赋予，也要有行业内的水平型分工。如此便可以杜绝单一的垂直型分工。

（三）区域经济一体化式合作

一直以来，我国存在着地区的分割，这样便产生了"区域经济一体化"一说。地区分割主要有以下表现方式：不同地区注重保护地方经济，常常以行政区划的界限将城市和乡村隔开，使得要素不能流通；各个区域的产业结构相似，这引起了资源强有力的保护与争夺，导致多种资源仅仅是在本区域内循环，不能实现最优配置与利益最大化，也不能实现地区界限的自我突破，这有悖于规模经济以及比较利益的原则。地区分割更进一步导致了区域之间的不平衡发展。为了突破地域限制，区域经济一体化应运而生，有效降低了存在的风险，减少了区域间的交易成本，流通率进一步提升，不同地区的优势能够互相补充，市场竞争得当，使得市场环境物尽其用、人尽其才，货物顺畅流通。

区域经济一体化的形成离不开区域市场，市场一体化是指在区域互相打开的基础上设立共同的市场，促进合作市场中的要素以及商品的流动性，在区际间优化资源配置，加强信息协作，实现利益最大化。市场一体化有以下两个方面：一方面是在区域内部首先完成市场的统一，比如产权、技术、资金以及人才等要素市场，也包括多种商品的批发市场。特别是在一些欠发达区域，要进一步完善市场机制及体系，使市场规则化，从而使市场化水平得到有效提升。另一方面，以现代物流业为契机，各区域市场互通有无，逐渐布控区域间的网点和通道，促成连接四面八方的市场网络。为了达到以上目标，重点是要提升区域间通信设施以及交通方式，这样要素的流动以及信息的传递才能四通八达；接下来就要进一步完善市场监督以及经济运行的体系和制度；另外，地方政府的职能要转变之前的保护主义，从而避免过度保护本地经济利益带来的弊端。如果地方政府较多地参与经济行为，就会严重阻碍市场的一体化以及资源的流通。

市场一体化涵盖地域间不同资源的流动，交通运输条件，交易手段和市场、地方法规政策等多元因素。要合理适配各个区际间的发展机制，进一步加强引导和调整区域间的经济活动机制，使合作由约束力不强的对话逐渐过渡为规范发展。

区域经济一体化的合作不仅要以市场一体化作为桥梁与基础，还要以城市化作为导向，重点建设发展极。发展极是在一些发达城市或区域重点建设经济活动中心，并且通过极具创造力的企业以及相关主导部门的规模化提升经济效益，从而发挥辐射和引导作用，以此来实现自我的增长并引导周围其他地区的进一步发展。

区域内经济凭借增长中心以及发展极辐射四周，通过提升区间要素以及资源的流通，从而引导中心地带的发展。可以通过城市间发达的信息传输系统以及通向四面八方的交通网，发展区域之间的经济；各个地区中心城市（发展极）间的经济流动可以减轻发达地域的回浪效应，从而加强扩散效应，以此推动发达地区的要素逐渐流向发展中地区。

综上所述，地区发展极的孕育以及城市化的发展对于区域经济一体化中的经济化协作是非常重要的。

有两种方式可以形成发展极：一种是通过市场的调控；另一种是依据政府的推动。通过这两种方式的能量汇聚，尤其经过多方面的经济协作，不同区域可以发展各自地区富有特性的不可替代的主导产业以及强大的竞争力，逐渐发展起规模的产业群体。通过主导产业的扶持，一些相关的行业或企业不断集中且进一步发展，同时还会引导更多产业发展。依据缪尔达尔有关城市发展的因果机制，城市正是在如此循环累积的过程中不断发展起来的。城市化在不断完善，聚集效应越来越明显，城市规模也因此而壮大，要素和资源越来越向重要城市集聚，这便是增长点发展极的形成。

发展极因为有多元的功能特性，所以是投资者青睐的地方。不管是大型市场，还是发达城市，都是东部资本进入西部，或是外部资本进入西部的平台。中西部地区为了整合来自外部的资源，从而进一步寻求发展途径，最重要的是要以产业化为支点，加快发展极（城市化）的进程。此外，市场的区域一体化也在进一步发展，这便是区域经济合作终极的表现形式——区域经济一体化。

第二节　区域产业合作与管理模式

一、大西南地区旅游合作战略构想

（一）西南地区开展旅游合作的重要性

第一，开展区域旅游合作符合旅游业自身发展规律的要求，也是未来旅游业发展的一种重要趋势。旅游业是一个天然的开放型、跨区域性的产业。旅游资源跨区域而存在，游客来自不同的国家和地区，旅游营销和经营管理跨越了国家、地区边界，旅游从业人员跨区域而流动。这种客观规律性表明，任何囿于一隅寻求发展的局面必然会失败，必然要被打破。历经几十年不衰的加勒比旅游、地中海旅游、东南亚旅游以及现在正在兴起的欧洲旅游既是见证，也表明了与相邻国家和地区开展互惠互利、优势互补的旅游合作已经成为世界旅游业发展中的一种重要趋势。

第二，开展区域旅游合作可降低交易成本，提高区域旅游竞争力。区域旅游业的发展过程实际上是区域旅游竞争力不断增强的过程。根据波特的"竞争优势"理论，旅游产业的竞争优势来源于旅游生产要素、旅游需求状况、相关产业与辅助产业状况、旅游企业竞争条件、政府以及机遇六个方面。其中，"旅游企业竞争力的提高，人力、资金、知识等高级生产要素对基本生产要素（旅游资源）的提升以及旅游市场需求状况是影响区域旅游竞争力的最重要的方面"。区域旅游合作对以上三个关键因素都可以起到重要的促进作用：在企业竞争力方面，旅游企业可以"强强联合"，达到规模经济的效果；旅游资源开发可以获得"优势互补、优势共享和优势叠加"的"三优"效应；人力、资金、知识等高级生产要素可以在区域内充分流动，降低融通成本，节约流通费用；此外，还可通过联合营销的方式提高营销效率，激活大量潜在的旅游市场。

第三，开展区域旅游合作是西南地区旅游业进一步发展的需要。进入21世纪，云南旅游业面临产业升级和从资源大省向旅游经济强省跨越的关键时期，广西、四川、贵州、重庆、西藏五省区市也进入了重点建设旅游支柱产业的重要时期。国内外旅游市场的迅速扩张、国家实施西部大开发战略、建立中国-东盟自由贸易区的启动等为我国西南各地旅游业的大发展带来了难得的历史机遇。但旅游业又是一个竞争十分激烈的行业，国际国内市场争夺日趋白热化，东南亚国家和我国中部、西北部省区旅游业发展迅猛。面对新形势、新情况，必须遵循旅游业自身的发展规律，顺应全球经济一体化和开展区域经济合作的趋势，从一个更高、更广阔的角度来审视我国西南地区旅游业的发展，围绕我国西部大开发和建立中国-东盟自由贸易区，以及澜沧江-湄公河次区域合作工作的深入展开，适时开展区域旅游合作，开发新产品、新项目，提升产品竞争力，提高文化品位，拓展市场空间就显得十分必要和紧迫。

（二）西南地区开展旅游合作的可行性

第一，旅游业天然的开放性特点可成为经济合作中的先行产业之一。从根本上讲，旅游业属于服务产业，与第一产业、第二产业相比较，在区域经济合作中，基本不受价格、关税、贸易逆差、产品技术标准、专利、产权等合作壁垒的限制。由于其天然的开放性和服务经济特点，旅游业通常是区域经济合作中的先行产业。

第二，西南地区具有开展旅游合作的良好条件。西南地区是中国乃至世界高品位旅游资源最密集的区域，这得益于地域上的毗连性、旅游资源的密集性和互补性，以及相同的便利政策条件和机遇，极具联合开发、系列组合和配套建设的巨大潜力。随着社会的发展，各地区旅游业取得了较快发展，旅游基础设施不断完善，可进入性不断提高，产业体系逐步完善配套，为开展旅游合作奠定了坚实的物质基础；而区内各地旅游市场需求指向高度的一致性，为开展旅游合作提供了内在的经济基础。

第三，云南与周边地区都具有开展旅游协作的良好意愿。目前，西南六省区市已经就开展旅游协作问题达成了一致，中华人民共和国国家计划委员会与国家旅游局对此也极为关注。区内外部分地区已经尝试开展了一定程度上的旅游合作，具有协同发展的良好意愿。

（三）西南地区旅游合作的战略构思

1. 旅游合作的理念与原则

旅游合作是一项复杂的系统工程，关联着不同国家、地区的诸多部门和企业，共同利益虽大，但其中各种利益关系复杂，有些矛盾还比较突出。为促进云南与周边国家、地区旅游业的发展，遵循市场经济规律和旅游业发展的开放性规律，西南地区旅游合作理念应定位为"优势互补、资源共享、信息互通、共谋发展"。其中"优势互补"和"资源共享"是进行合作的基础与条件，"互通信息"是加强合作的手段和途径，"共谋发展"则是加强合作并开拓创新的最终目标。在合作中，还应当遵循以下原则（如图5-2所示）：

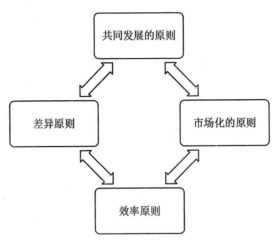

图5-2　旅游合作的原则

（1）共同发展的原则。"共同"是进行合作的前提，"发展"是进行合作的根本动因和最终目标。在合作中，任何一方都不能够以牺牲另一方的利益为手段来谋求发展。

（2）市场化的原则。旅游企业是开展旅游合作的主导方和最重要的受益者，旅游合作的开展必须遵循市场经济规律，采取市场化行为，不能依靠强迫性的行政指令完成。

（3）效率原则。开展旅游合作的目的是整合各种资源，降低交易成本，形成规模经济的合力，取得高于"各自为政、自谋发展"的经济效果。效率是合作的动力，也是决定合作能否长期持续的重要因素。

（4）差异原则。旅游合作应根据各合作方的具体情况，既可以进行包括资源开发、市场营销、信息交换、协调管理在内的多层次、紧密型合作，也可以就其中某一方面或几方面开展紧密型或松散型的合作。

2. 旅游合作的目标与内容

区域旅游合作将打破目前各地区各自为政、自谋发展的现象，有助于提升产品竞争力，开拓市场空间，减少无谓竞争，降低营销成本和风险，发挥集体优势和集群效应，促进各地区的旅游发展。西南地区开展旅游合作的总体目标是基于地域上的毗连性、旅游资源的互补性、旅游业发展上的便利政策条件，建立跨区域的旅游联合体和以西南六省份为基础延伸至全国乃至国外的旅游合作平台，共同开发有影响、具规模、上档次、容量大、在国内外有较大吸引力和竞争力的拳头产品和循环开放的旅游线路；确立共同的文化主题和品牌形象，在旅游客源市场中形成强大的合作推广之力，扩大旅游消费市场；建立高效的旅游行业信息交流和服务平台，降低由于交流成本高昂造成的市场门槛；建立跨区域的旅游管理协调机构和机制，推动云南与西南地区区域旅游经济的发展，打造"中国大西南旅游"国际著名区域旅游品牌。

旅游协作的内容主要包括四个方面：①共同开发目的地产品，形成循环开放的旅游线路；②确立共同的品牌形象，利用强大的合作推广之力，扩大旅游消费市场；③建立高效的旅游行业信息交流和服务平台；④建立跨区域的旅游管理协调机构和机制。

3. 旅游合作的方式与途径

区域旅游合作可以根据各合作方的具体情况，分为以下四个层面进行：

第一，资源开发。西南地区有不少高品位旅游资源横跨省界，按照自然和人文属性形成特殊的空间资源组合，如泸沽湖-摩梭文化区、康巴文化区、喀斯特地貌区等，它们并不按照行政边界进行分布。过去由于各自为政的开发，人为地将这些规模大、品位高、组合度极佳的旅游资源分割成零散的景区景点，降低了旅游资源开发的经济效益。按照资源的分布状况而不按照行政边界对旅游资源进行开发可以将众多小规模的、较为分散的景区景点整合成为规模大、品位高、主题鲜明、内涵丰富的特色产品，突出旅游资源的特色和多样性，产生集聚效应。在合作开发中，应当重点加强一些品质优越、形象鲜明、环境容量大、美誉度高、能经受市场竞争考验、在市场上已经确立品牌形象的旅游资源的建设，使之早日成为有影响、具规模、上档次、在国内外有较大吸引力和竞争力的拳头产品，充分释放其潜能。

第二，产品与专项线路整合。在资源开发的基础上，根据西南地区旅游资源特色，各合作方可重点整合推出一批比较成熟的休闲度假型旅游产品和较高水平的生态、会展、民俗文化、探险、科考等专项旅游产品，并利用地域毗连的优势，以各方旅游集散中心为枢纽、以交通干道为纽带，将若干特色旅游产品串联起来，使之成为中国乃至世界最好的旅游线路之一，既方便旅游者在区内进行环游，又达到增加客流量的目的。

第三，区域旅游品牌形象树立与传播。在有着共同的旅游文化载体和产品的基础上，区域旅游合作中还需要确立共同的文化主题和品牌形象。有了共同的文化主题，才有共同的底色和基调，树立了如同"新马泰""加勒比海"的国际性旅游区域品牌形象，才会在国际国内主要旅游客源市场中形成强大的推广之力，并加速区域旅游合作平台的形成和深化。旅游品牌形象的传播宜采用联合的方式，坚持以市场为目标、以产品为中心、以企业为主体、以共同利益为连接纽带，组织旅游业各要素、各环节、各地区、各景点、各旅游企业和相关部门形成促销整体，采取多种方式和手段，面向全国、世界宣传本区域的联合旅游形象，促进国际化的区域旅游品牌的形成和推广。特别要联合开展不同类型的大型社会经贸节庆活动，以及宣传特色上呼应、时间上互补的旅游节庆产品，使之成为区域旅游主题形象的重要支撑。

第四，信息共享。在国家旅游局倡导和推动实施的"金旅工程"基础上，建设跨区域的旅游信息服务公众网络和基于网络（Web）的旅游行业性信息交流和服务平台，提供全面、及时、准确、权威、实用的旅游信息，加强旅游业内信息交流，增强面向旅游者的信息通达性，提高旅游宣传的效果，增进市场业务运作水平，提供个性化旅游信息和商务服务，通过数字技术推动产业和区域旅游经济的发展。

（四）促进西南地区旅游合作的措施

1. 交通网络的系统建设

为广泛有效地开展区域旅游合作，必须加强区内外旅游交通网络建设，将各省区之间以及与东盟对接的旅游交通提升到国家发展战略的高度来建设和完善。力争开辟更多连接东盟国家的航线，加快建设通往东盟的国际公路，将云南、广西与越南互通的列车变成国家固定铁路联运，尽快推动澜沧江-湄公河水上旅游航线的开通，切实提高通关效率；争取边境通行证，实行可跨口岸出境的准护照式管理办法，使游客能从不同口岸出入境，以加快与东南亚等周边大旅游圈的连接和并网；推动区内环形航线的开通和与各省对接的高等级公路的修建，努力实现内昆铁路早日通车，开辟与云南香格里拉和西藏拉萨的直航，提高可进入性和游客到达途径的可选择性，实现"不走回头路的循环开放式旅游"，构建完善的循环开放的旅游线路。

2. 旅游合作管理平台的构建

旅游是联系经济与社会的重要环节与纽带，旅游合作中的矛盾问题比较集中，特别在利益分割和开发、营销中的相互排斥使旅游合作困难重重，必须建立跨区域的旅游合作管理平台，成立协调机构，完善协调机制。旅游合作管理平台由各合作方政府组成，旅游局承担具体的组织管理工作，通过定期的会议和会晤互通情况，及时协商处理相互之间的矛盾问题，其主要职能如下：

（1）编制综合开发规划。

（2）加强旅游基础设施建设和旅游宣传。

（3）联合开展对旅游生态环境的监测和建立环境质量检测报告制度，制定共同规章，有效约束各种不利于保护和优化生态环境的行为活动，通过协调机构和媒体做定期的综合报告，定期评比促进区域各方对生态环境的保护。

（4）联合组织跨区域交叉检查，共同打击旅游行业中的违法违规行为。

（5）密切联系，充分发挥协调作用，协商解决协作发展中的突出问题，通过对话协商，统一服务规范和收费标准，避免互相压价和恶性竞争；通过交流与合作，使食、住、行、游、购、娱各环节之间联系得更紧密顺畅，促进协作区旅游目的地共同发展。

3. 旅游合作政策的完善

完善的区域旅游合作政策是旅游合作组织构建和高效率运作的基本保障。区域旅游合作组织在协调区域旅游产品开发、服务营销以及其他方面起到了重要作用，又与区域内的其他产业、其他组织和部门，如文物管理部门、环境管理部门、交通部门、国土资源部门等之间存在着千丝万缕的联系，既要代表区域旅游利益，又要协调好与其他部门以及上下层之间的关系。由此可见，旅游合作中最大的挑战来自是否拥有一个可供指导的、可以协调各方利益的政策和策略。然而仅靠目前单项、零散或部门性、地方性的旅游法规不足以调整旅游合作中产生的所有法律关系。必须早日促成国家有关旅游合作政策的出台，全面规范旅游合作的关系，消解旅游合作中产生的矛盾和负面影响，指导各地方旅游合作健康有序地开展，最终促进中国旅游业的发展。

二、纺织工业区际转移机制分析

区际产业转移是指一国内部某些产业从一个地区转移至另一个地区，其理论主要是产业生命周期、产业梯度推移理论和产业区位理论的结合。胡佛认为区位相对优势主要取决于四个因素：一是地区性投入，是指存在于某一区位难以向他处移入的原料、供应品、服务等；二是地区性需求；三是输入；四是外部需求。产业集聚或转移与这四类因素相关。现代西方经济学者普遍认为，产业空间集聚与转移取决于产业的集聚力与分散力。引起产业集聚的原因主要有范围经济、规模经济、交易成本降低、学习效应等；导致产业分散的原因主要是规模不经济。此外，还有宏观经济环境、运输成本、产业政策、文化背景以及人文环境等众多因素。

由于纺织工业具有产品附加值低、原材料成本及工资占总成本比重相对较高、产品技术含量较低、产业存在较明显规模报酬递增等特点，因此，在一国境内文化因素与宏观经济形势大致相同的情况下，影响纺织工业转移的主要因素是区域需求状况、区域生产要素的比较优势、运输成本、产业的聚集经济以及区域投资环境。

在计划经济时期，我国纺织工业格局是从东部发展至西部；改革开放之后，在市场经济的作用下，纺织工业从西部转移至东部；进入 20 世纪 90 年代中后期，棉纺业表现出从东部转移至西部的趋势。在市场机制作用下，影响纺织工业转移的因素主要为市场需求份额、劳动力成本及效率、运输网络效率与费用、产业聚集经济力以及投资环境。较大的市场需求份额是纺织工业转移的主要条件；劳动力成本差异是吸引纺织工业转移的关键性条件。从目前中国东部、中部、西部地区产业现状来看，由于东部经济聚集经济力较强，东部地区单位产值工资低于内陆，区际运输网络改善以及东西部投资环境差异，东部沿海地区的纺织工业将得到加强而非削弱，大多数纺织工业难以从东部转移到西部，只有极少数聚集经济不明显、交易成本低且需求大量的半熟练劳动力或污染较重的棉纺工业等才会转移至西部。这导致沿海与内地纺织业的差距在短期内不会缩小，反而有扩大的趋势。综上所述，可以得出以下启示：

（1）按照梯度推移理论来指导西部纺织工业发展需要条件，不能被动地依靠劳动力成本低廉来吸引纺织工业转移。这样会延缓西部经济发展，进一步扩大东西部经济差距。

（2）在西部着重发展教育，特别是职业教育，提高人民素质，以及劳动生产率，适当维持较低工资，以便吸引棉纺业转移和发展其他纺织业。

（3）国家大力推动西部城市化进程，提高西部农村人均收入水平，扩大居民消费；国家大力改善中西部地区基础设施，降低运输成本，促进制造业聚集，产生规模经济。

（4）加快开放步伐，切实转变政府职能，增加透明度，改革行政管理制度，提高政府的办事效率，建立一个完善的法律法规体系。

（5）制定切实可行的产业政策，选择重点项目，加大国家优惠政策的实施力度，特别在税收、收费和土地等方面制定切实可行的优惠政策，落实相关配套措施，吸引企业投资。

三、发展文化产业，建设特色"东城"

文化产业是指从事文化产品与文化服务的生产经营活动以及为这种生产和经营提供相关服务的产业，其内容是将文化艺术产品和服务推向市场，通过企业化经营管理来促进产品和服务向规模化发展，即以企业化经营、市场化运作，通过市场竞争进行产品创新，不断壮大企业实力，实现规模经营，获取规模效益，促成规模产业。发展文化产业的最终目的是满足人们精神文化生活的需求。

文化产业之所以发展得这样迅速、之所以能够成为 21 世纪最有前途的产业之一，根本原因在于人类全面发展的需要，直接原因则是社会生产力的进步和经济高速发展。人类社会区别于动物界的根本标志是人类具有精神层面的生活，物质享受是人类与其他动物的共有本性，追求精神享受才是人类区别于动物的特有本性。对于人类来说，相对于物质享受而言，精神享受则是一种更高层次的享受，当人们的温饱问题得到解决之后，特别是在人类物质文明发展进入较高阶段之后，对精神生活的追求将逐渐强烈起来，文化产品的需求将越来越高，为人们提供精神产品的文化产业必将获得巨大发展。同时，随着社会生产力的发展、人类物质生活水平的逐步提高、人类平均寿命的增加，人们的闲暇时间将比过去有所增加，休闲已成为当前时代最重要的特征之一，成为与每个人的生存质量息息相关的领域，成为社会进步的标志，这样必将增大文化消费、精神消费的需求。

我国文化产业有着巨大的发展潜力。首先，我国历史文化资源极为丰富。我国有五千年的文明史，为我们累积了难以估量的文化资本。启动这些文化资本将能够创造出极其丰富的文化艺术产品，形成具有中国特色的文化产业。其次，我国经济建设和社会发展已经取得重大进展，物质商品短缺的时代基本结束，经济发展必然要寻求新的市场空间。随着社会成员人均占有财富逐步增多，以及闲暇时间的增多，需求和消费结构也在发生深刻变化，人们开始追求精神和文化含量更高的生活，社会经济开始向"精神—文化"消费转型，人们的"精神—文化"需求已成为经济增长的重要动力，发展文化产业已成为我国经济发展的内在需求。最后，我国已经开始实施西部大开发战略。西部地区拥有众多民族和民俗等，并拥有丰富的人文、历史、自然景观，随着西部开发战略的实施，西部文化资源必将形成产业优势，促进我国文化产业快速发展。

（一）文化产业是东城区的优势与特色

特色是城市的魅力所在。世界上的著名城市之所以能远近闻名，往往是由于其设计者能根据城市的地理环境、人文景观、历史文化和民俗风情等来进行城市规划，从而凸显其特色与个性。由此可见，挖掘、弘扬本地区文化十分重要。在对城市进行具体定位过程中，则要充分挖掘城市的各种资源，按照唯一性、排他性和权威性的原则找准城市的个性、灵魂与理念。没有个性的城市就没有竞争优势，没有灵魂的城市就没有内涵，没有理念的城市就很难做到可持续发展。城市的个性越突出，影响的区域就越广，升值的潜力也就越大。只有先搞清楚自己在大的城市格局中处于怎样的位置，然后统一盘点、梳理各种资源，扬长避短，才能找到准确的城市定位，并借此制定出行之有效的城市发展战略。

北京是世界著名的文化古都，拥有长城、颐和园、故宫、天坛、周口店猿人遗址五处世界历史文化遗产。北京是中国的首都，是名副其实的政治中心、文化中心。面对文化产业大发展的巨大历史机遇，北京领军中国文化产业发展的核心地位是任何省市都难以替代的。东城区是北京市的中心城区，世界历史文化遗产天坛坐落其中，世界历史文化遗产故宫通过天安门广场与崇文区紧紧相连，文化产业资源极为丰富，具体如下：

（1）历史文物古迹多。东城区辖区内现有文物古迹 105 处，其中，国家级文物保护单位有东南城角角楼、正阳门箭楼和天坛 3 处，市级文物保护单位 9 处，区级文物保护单位 10 处，文物普查登记单位 83 处。文化遗迹比较集中的鲜鱼口地区被北京市列为历史文化保护区，其内分布有众多明清时期修建的会馆、四合院遗址和老字号门店等。

（2）人文旅游景点多。东城区辖区内现有主要人文旅游景点 5 处，分别是天坛公园、龙潭公园、北京游乐园、自然博物馆和明城墙遗址公园。

（3）文化资产较为丰富。东城区全区现有社会文化管理所、文物管理所、文化馆、图书馆、花市电影院、角楼文保所、南里文化娱乐中心、文化馆剧场、燕京评剧团、羊市口文化站、永外文化站、工人文化宫、少年宫 13 个文化事业单位。

（4）民俗文化丰富多彩。历史上东城区是南北商贾云集之地，也是民间艺人聚集之处。高超发达的手工艺制作、风格各异的百年老店、令人称奇的民间绝技表演、大量留存的会馆建筑和传统民居使东城区成为北京民俗文化最为丰富的地区之一，这为东城区发展地域特色文化和传统文化产业提供了雄厚的基础。

（5）群众文化品牌驰名。东城区是北京市乃至全国开展群众文化最为活跃的地区之一，曾被评为全国文化先进区。在北京市第一个建起的面积最大、功能最全的区文化馆和连续举办多届的春节龙潭庙会暨全国优秀民间花会大赛是东城区群众文化的两大品牌，至今仍在全国具有很高的知名度。从建设"特色东城"来看，文化产业应当是东城区的"品牌"产业，东城区应当是北京市产业总体布局中文化产业发展的集聚区。

如果把体育作为大文化的范畴纳入考虑，东城区文化资源优势地位更加不可动摇。区域内分布着大量体育资源，国家体育总局作为全国体育运动的主管机关位于全区的中心地带，国家体育科学研究所、中国体育报业集团等国家级的体育科研、新闻宣传、出版机构也汇集于此。辖区内拥有北京体育馆、天坛体育场、中国棋院、国际网球中心、四块玉训练基地等众多体育活动场所。体育馆路体育用品销售一条街在北京市也具有较高知名度。东城区这块热土已经成为培养世界冠军的摇篮。

北京城市功能区布局可以概括为"一线、两翼、三街、四大功能区"。"一线"即体现中国民族文化底蕴的中轴线；"两翼"即体现中国科技新成果的中关村、体现中国对外开放成果的商务中心区；"三街"即西单商业街、王府井商业街和金融街；"四大功能区"即中关村科技园区、北京经济技术开发区、现代制造业基地、商务中心区和出口加工区。也就是说，海淀将发挥高校和科研院所的集中优势，发展高科技产业，西城以西单商业街和金融街"两街"定位，东城以"王府井商业街"的"金街"定位，朝阳将以"商务中心区"定位。在北京市整体布局中，为了均衡发展，东城区必须具有明确的产业定位，而从比较优势来看，文化产业显然是东城区的优势产业、特色产业、品牌产业。

（二）东城实施文化产业兴区的战略

文化产业不等于文化遗产，也不是停留在感受层面的文化艺术，而是通过产业化进程实现的国民经济的组成部分。在看到文化产业具有巨大潜力的同时，还要清晰地认识到，目前文化发展的现状与文化产业应有的规模和效应相比，都存在较大差距。东城区辖区内不少有价值的文物存在复杂的产权关系，多数文物仍被不合理占用，且缺少资金修缮，文化资源管理体制不完善，经营机制落后，大都未彻底解决政事不分、管办不分和文化资源条块分割、各自为政的问题，由于缺少统一调控，文化与旅游、教育、体育、科技结合不紧，有限的经营性资产也未真正推向市场。目前仅有一些不成规模的文化娱乐业、电影放映业、工美制造业、图书印刷业，其他文化产业几乎是空白，并未真正形成文化旅游产业。东城区在实施经营城市的战略中，应着眼"文化兴区"，切实把开发利用文化资源放在突出位置，把文化与旅游结合起来，重点培育和发展文化旅游产业，使其成为最具活力的经济增长点。

第一，依托优势资源，优先发展文化旅游产业。要对全区文化资源进行统一梳理，明确重点，区分主次，合理规划。文化旅游资源是东城区的优势资源，这是发展东城区文化产业的基础性资源，发展东城区的文化产业首先要把已有资源开发好、利用好，使其尽快产生效益。对已经修缮完毕的区级以上文保单位，在充实内容、丰富文化内涵后，按照所有权与经营权分离的原则，可以通过成立一家文化旅游公司并加盟有实力的国际旅行社，由政府委托其对文物景点进行经营并承担保护的责任。可以将部分有价值的文保单位办成有特色的文化旅游景点，精心打造旅游专线。可以将前门鲜鱼口历史文化保护区整体开发成由会馆式四合院宾馆、老字号特色餐饮、古装经典戏剧定点演出和黄包车胡同游组成的北京民俗旅游区，将以上景点景区纳入"天坛游"和"水系游"系列，使其成为首都旅游市场的新亮点。

第二，拓展文化产业内容，要有计划、有重点地引进和培育文化产业集团。文化产业的内涵极为丰富，旅游文化只是其中一部分，如果要把文化产业作为区主导产业、品牌产业、优势产业、特色产业来发展，要形成规模效益，绝不能仅仅局限于旅游文化资源的开发和利用，必须努力把北京乃至全国的文化产业适当向东城区集中，如报业集团、影视集团、出版集团、音像集团等。总面积达到30万平方米的大都市街西起前门大街的珠市口，东接崇文门外大街的磁器口，与前门东大街、天坛北墙相互平行，横卧仅次长安街的北京东西走向的大动脉广安大街上；北起天安门、80米宽的中轴路是北京最亮丽的景观大道；南起天坛北门与祈年殿相接，北接王府井南口的祈年殿大街是开发天坛资源的最佳载体。

东城区在大都市街、南中轴路和前门大街、祈年殿大街的改造和市场培育过程中却不可错失良机，必须通过政策引导等多种手段重点扶持和发展文化产业。

第三，要把高科技引入文化艺术领域，开发新产品，从而加大文化产品的高科技含量，提高文化产业的附加值，特别要发展文化信息产业。文化产业和信息产业的结合是必然趋势，我们必须尽早启动这项工程，利用网络技术，把丰富灿烂的中国文化传送到全球每个消费者面前。这是一项体现一个国家的文化内蕴、技术含量和管理水平的综合性工程。

第四，充分开发天坛资源优势，大力引进现代文化资源，加快推进祈年殿大街的开发建设，打造精品工程。天坛是世界历史文化遗产，目前基本只发挥其观赏价值，潜在的历史文化价值远没有得到开发利用。虽然东城区有较多文化资源，但多为传统文化资源，科技含量低，且产权关系复杂，开发难度大，需要花费的时间长。要做大做强文化产业，使之尽快形成生产力，必须突出重点工程、精品工程，必须扩大开放，实施"请进来"理念，这是"文化兴区"的捷径。目前可以进行市场化运作的大都市街和祈年殿大街的开发建设和市场培育一定要坚持国际级标准，以世界的眼光和市场化运作手段，使其以历史文化为根基、以现代文化为走向，成为中外文化有机结合、交相辉映的人类文明成果展示地、现代文化创新地；成为采用国际先进管理模式，实行产业化运作和规范经营的高效文化旅游产业园；成为多元开放、雅俗共赏，适合各类人群参与的最佳都市休闲区和来京旅游首选地；成为北京城内建筑最具特色、环境最为优美、夜生活最有情调、常年人气旺盛的首都"不夜城"。

第五，要处理好发展文化事业与发展文化产业、开发文化资源与保护文化资源、政府管文化与社会办文化等关系。文化事业的基本属性是公益性。发展文化事业是政府的职责和义务，由政府出资或筹资从事文化建设，不以盈利为目的而为社会成员提供公共文化产品和文化服务。文化产业则是经济行为，需要完全通过市场按产业方式进行自主经营，在保证社会效益的前提下，创造良好的经济效益。从文化资源保护和文化产业发展的关系来看，很多文化资源都不能产业化，如文物保护、特定的史迹维护以及与社会文化艺术管理相关的文化艺术资源都不能产业化，如果强制性对其进行产业化，则会带来很大破坏性。在以文化资源为基础发展文化产业时，一定要考虑到资源不可再生的特点，要将保护传统历史文化资源与发展文化产业二者协调好。对文化资源的开发利用和文化产业的打造离不开政府的宏观调控和依法管理。对文化资源的配置和文化市场的经营行为，政府有权进行调控和监督。但政府不应该包揽一切，因为文化事业毕竟是社会事业，政府在给予扶持的同时，还应该鼓励社会事业社会办；而文化产业更多的是要靠市场调节和自主经营。政府对文化产业的管理主要是通过政策法规和发展规划进行导向、调控和服务。当前，我们要进一步解放思想，更新观念，大胆把部分国有文化资产推向市场，加快发展具有市场潜力，以及既有社会效益，也有经济效益的文化企业和文化产业，这是实现文化资产保值增值和文化事业可持续发展的必由之路。

四、区域产业结构与人才结构协调性管理

下面以黑龙江地区为例，对区域产业结构与人才结构协调性管理，以及区域产业结构与人才结构的协调发展促进区域产业结构优化升级和经济的发展进行具体探讨。构成人才的各要素之间具有的组合关联方式就是人才结构。人才结构包括人才整体中的要素数量、要素配置、要素的地位和作用。产业结构指的是产业构成及各产业之间的比例关系与联系。产业结构升级优化可以在区域经济发展中使不同层次与不同类型的区域人才需求量符合区域产业结构调整的变化，同时，人才结构也能够在产业结构优化和经济的可持续发展方面起到推动作用。由此可见，对区域产业结构与人才结构的协调发展进行深入研究是十分必要的，它对产业结构优化和经济发展具有重要作用。区域产业结构与人才结构协调性管理措施如图5-3所示。

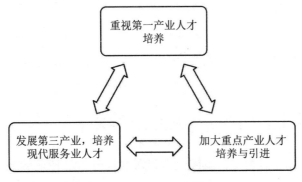

图5-3　区域产业结构与人才结构协调性管理措施

(一) 重视第一产业人才培养

虽然黑龙江省农业产值所占比重较高，但是其主要农业生产仍然是传统产业，其中占据主要地位的是种植业，其他产业如林业、牧业、渔业等发展比较慢。在农业生产中，黑龙江省在科技方面的投入较少，以致其农业生产效率不高，产品附加值较低，收益较少，农业技术人员在黑龙江国有企事业单位中占比较低。黑龙江省应通过一系列招生、培养、就业等帮扶政策，积极鼓励高校开设农业相关专业，以加大人才培养力度；应鼓励农业技术人才深入农村，在农村学习、工作，不断创新；还应促进企业与高校、科研院所的合作，鼓励企业积极引进新技术，提高生产效率，增加产品附加值，增强企业效益。

(二) 加大重点产业人才培养与引进

黑龙江省重点培养了一批产业人才，如新材料、新能源、生物、交通运输装备、绿色食品、矿产等产业人才，通过人才发展来拉动产业发展。黑龙江省各高校应以自身的资源、优势及特色为基础，从黑龙江省的重点产业出发，围绕区域经济设置农业相关学科，构建特色专业，打造优势学科群，从重点产业的发展培养优秀人才，实现产业的可持续发展。此外，还应积极引进优秀人才，政府应建立相关机制，保障人才流动与引进，特别是重点产业和特殊领域的高级人才。要积极宣传黑龙江省，尽可能扩大其影响力，使国内外的人才都能够看到黑龙江省的发展优势与潜力。在政策方面，对特殊人才应特殊对待，为人才创造良好的就业环境，鼓励人才创业创新，对做出优秀业绩和巨大贡献的人才进行奖励，给予其相应报酬。在对待企业方面，对于引进特殊人才、优秀人才的企业给予优惠，如减免税收、政府补贴等，从而激发企业引进人才的积极性，吸引更多、更优质的人才流入黑龙江省。

(三) 发展第三产业，培养现代服务业人才

在产业结构调整过程中，我国一直强调要提升第三产业的比重。由此可见，黑龙江省也应重视第三产业的发展，积极培养现代服务业的优质人才，还可以承

接发达国家物流、软件、金融等的外包服务项目。现代服务业是黑龙江省十大重点发展产业，其中包括哈尔滨龙运和黑龙江华风两大物流园区，建设哈尔滨冰城夏都旅游区等十大旅游开发区、黑龙江动漫产业园，以及哈尔滨和大庆服务外包基地等项目。对此，黑龙江省相关部门应在国际市场开拓、软件技术和软件管理等领域培养和引进现代服务业人才。目前，服务外包的趋势从发达国家转向发展中国家，黑龙江省可以从服务外包产业入手，将本省的低端劳动力资源向高素质高技能的人才资源转化，优化调整人才结构，提升信息技术、医疗、金融保险、资产管理等产业的国际竞争力。

第三节　区域投资合作及其新趋势

一、区域投资环境及其改善

　　发展经济是我国的重要任务，作为国民经济的组成部分，区域经济的发展问题越来越显示出其重要性，投资以其需求的拉力和供给的推力，对经济的发展具有强大的作用，各地区无不以吸引外来投资作为发展经济的手段，如何改善投资环境是值得研究的问题。投资指的是向区域内进行资金等经济资源投入，以弥补建设资金不足的问题。投资项目建设具有多方面优势：使区域内需要重点发展的产业得到发展，全面扩张经济总量及规模，使产业结构得到协调发展与优化升级；可以为社会提供更多就业机会，增加居民收入，提高人民的生活质量；为政府取得更多财政收入，从而提升政府的基础建设能力，使政府能够有更多财力来提升自身的公共服务水平；能够引进更先进的技术，学习更丰富的管理经验，大大提升目前企业的技术水平；不断扩大对外经济技术合作，培养出更优秀的人才；投资者能够带来先进技术设备，填补技术空白，比如，将自然资源转化为商品优势，以加强区域经济薄弱环节的建设；可利用投资者的国际渠道等资源，帮助区域发展外向型经济，提升创汇能力。区域投资环境的改善有如下对策：

（一）建设各具特色的投资环境

我国国土幅员辽阔，不同地区的自然环境差异显著，不同地区的经济发展水平差别也十分明显。不同地区要根据自身不同的特点进行投资环境建设，避免千篇一律，要根据自身所处的经济发展阶段和区域经济特点，选取重点入手，按照不同地域的优势建设不同的投资环境。例如，深圳主要搞出口加工区；上海科技优势明显，应建设能够吸引高新技术产业的投资环境；中西部地区资源十分丰富，可以资源为优势吸引外来投资。总之，应积极建设资源优势型的投资环境。这种各具特色的投资环境可以使不同的产业相对集中，在空间区域上形成合理的专业化分工和联合协作关系，以求得最优的整体功能，以及最佳的经济效益和社会效益。

（二）创造优美的生活环境与城市形象

由于投资者越来越重视生活环境，因此，在改善投资环境的基础上，还要做好城市规划，合理划分功能区，大力建设和完善城市公共设施。在对旧城区进行改造时，既不能全盘保留，也不能一刀切式地毁坏，而是要重视旧城区的文化与性格，保持良好的城市形象。从具体措施来看，可以建立商业街、文化广场、各类公园等；还应建设具有优越条件的别墅区等，配套大型商超以及中小学校；要保护城市自然环境，保持地面整洁、水质纯净、绿化比例高、空气清新等。通过一系列措施，充分保障投资者的生活，为其解决后顾之忧。除了物质方面的建设外，还要建设精神文明，应努力提升居民的科学文明与思想道德素质，使居民具有开放热情的态度，为投资者营造良好的氛围。

改善投资环境是发展区域经济的必然选择，而经济的发展又为区域投资环境的改善创造了更好的条件，两者步入良性循环，这正是区域经济发展所需要的。

二、基于"一带一路"的对外直接投资与人才区域合作

不同层次的人才对企业有着不同期待，要从人的角度出发思考解决问题的方法，以实现人才的区域共享与合作，要通过实现人才价值来进一步实现企业价值，最终实现社会价值。基于激励人才的角度来推动"一带一路"倡议下对外直接投资的人才合作，有以下对策：

（一）设立自己的雇主品牌

自"一带一路"倡议提出以来，我国在沿线国家的直接投资已经超过了180亿美元，众多企业走出国门，众多人才跟随企业投身建设。但必须看到，无论是高级人才、技术工人，还是普通劳务人员，我们都还没有建立起具有一定影响力的雇主品牌。如果雇主品牌的影响力较高，则会给予员工一定安全感，从而促使员工更好地工作，充分发挥自身的价值与潜能，积极为企业服务。

（二）推进产业互助和人才互助

在对外直接投资方面，我国除了是输出的一方，也是输入的一方，要积极借鉴国外先进的技术和丰富的经验，与其他国家实现产业互助，进行人才交流与技术培训。例如，在留学生培养方面，因为留学生可以传递先进的技术，所以能够帮助各国在人才方面实现双边甚至多边合作。此外，对于在职人员要加强企业培训，提升员工的业务技能，培养更加适应国际化发展要求的重要人才。要帮助员工树立自我价值，使员工得到物质与精神的双重满足，通过产业互助和人才互助，从而提升整个社会的价值和意义。

（三）实施合理的激励机制

企业参与对外直接投资，必须具备合理的激励机制，只有这样，才能使不同层次的人才都能够积极主动参与企业的国际化发展。例如，阿里巴巴集团除了给予员工较为丰厚的报酬外，还通过企业文化精神激励员工，除此之外，其还采取其他多种方式，不仅激励了在职员工，也影响了潜在员工。在企业进行对外投资

中，所雇员工既有本国的，也有当地的，甚至可能来自第三国，面对这种情况，要充分认识到不同国家地区的员工对激励的期望是有所区别的。激励机制的设置一定要合理，具体问题具体分析，减少不同文化背景、不同生长环境带来的问题，要通过多种方式激励不同地域人才的融合，彼此互助，倾力合作，以促进企业健康发展，实现自身价值。

（四）推进人才共享网络平台建设

建立人才共享网络平台，利用网络平台实现专业人才的优化配置，在人力资源方面保障企业发展。雇佣关系是不断变化发展的，若干年后，这种关系可能会发生改变，企业和员工的关系可能从长期合同关系转变为项目合作关系。员工之间可以项目为核心进行自由组合，也可以在一个项目结束后解散。要鼓励员工打造个人品牌，企业只需要发布需求就可以实现企业与个人的双选，从而找到最合适的搭配，实现人力资源的优化配置。可以先尝试在沿线国家建立高端人才共享平台，利用优质人才资源，最大化实现企业利润，尽可能降低企业成本，同时，使高端人才的资源价值得以充分发挥。对于中低端人才来说，其培养方式可以通过劳务公司派遣的方式进行，企业和劳务公司协商培养方式与各种细节。

第四节　区域经济合作的发展新格局

虽然经济全球化已经成为世界发展的趋势，但是仍有"逆全球化"的不和谐声音出现，许多国家通过贸易保护主义抵制经济全球化，尤其受到新冠肺炎疫情的冲击，世界的格局发生了变化，许多国家都面临艰难的处境，不断探索解决方法。中国根据当前的国际形势，提出了要以国内经济为依托，坚持对外开放的国策，加强与其他国家和地区的经济合作，融入经济全球化的潮流中，不断增强中国的国际竞争力。面对国际形势的不断变化，中国坚持以积极的态度应对，敢于抓住机遇、迎接挑战，不断加强对外开放的步伐，推动中国与国际的合作。对外开放是中国长期坚持的基本国策，符合当前经济全球化的国际大潮。面对当前部分国家与地区抵御经济全球化的困难，中国要坚持实行对外开放政策，不断提高对外开放的质量和水平。

中国在推动对外开放过程中，要坚持对外合作与对外竞争相结合，不断提高中国企业的创新创造力和国际竞争力，提高中国生产力在国际中的比重，形成中国在国际经济竞争中的优势。在加强对外开放的同时，中国要加强对国内市场的管理，形成以国内大循环为主体、促进国际大循环的格局，实现国内市场与国际市场供需平衡，稳定中国在国际市场中的地位。与此同时，中国要积极参与全球经济治理体系的管理和改革，不断加强与各国家地区的合作，尤其与周边国家、东盟国家的合作，以及与欧盟国家的合作，完善国际经济治理体系，形成公平、公正、合理的国际经济格局。

中国周边的东亚国家和东盟国家有较强的生产实力，与国际产业链关系密切，中国要加强与这些国家的合作，形成区域经济联盟，增强国际竞争力。日本和韩国是中国周边国家中与中国有密切经济联系的国家，形成了紧密的国际产业链，同时也是中国与东盟国家合作的重要助力。面对当前国际疫情的艰难形势，中日韩和东盟国家的命运紧紧连接在一起，中国在对外交往中要坚持互帮互助、相互协作的人道主义原则。同时，鉴于中国在国际生产力中占据较大比重，且与周边国家有密切的贸易往来，中国在确保国内市场供应稳定的同时，还要确保周边贸易国家的供应稳定，合作国家间要规划好贸易产业链的运转路线，寻找方便快捷的贸易通道，既要确保产品的卫生安全，又要确保产品流通稳定，减轻疫情对产品供应链造成的影响。

第一，中国要抓住十年的发展机遇，不断推动自由贸易区的建设完善。首先要加强贸易区国家间的合作，共同抗击疫情，在"10+3"合作机制下，研究应对疫情的经济对策，减轻疫情对贸易区经济的打击，在保证遏制病毒传播的前提下，确保贸易区供应链的稳定。第二，要推动贸易区国家间的合作，要将"一带一路"发展战略对接到贸易区各国，推动东亚地区的经济发展进程，加快建设东盟经济贸易产业园，拓宽贸易区国家的合作领域，增加"数字贸易、跨境电商"

等合作板块，推进自由贸易区产业链便捷通道的开发，加强国家间的贸易往来，以及国家间线上与线下的合作，确保双方市场的供需稳定，实现自由贸易区国家的合作共赢。第三，要推动自由贸易区与国际合作的进程，融入经济全球化的潮流中，不断推进中国与东盟十国的自由贸易区建设，促进国际经济格局的公平稳定，坚定维护以世界贸易组织为核心的多边贸易体制。

2020 年是中国和欧盟建立外交关系 45 周年，中国与欧盟的关系也迎来了新的发展机遇。尽管国际仍然面临较为严峻的疫情影响，但各国努力克服困难，加强与其他国家的合作，国家间的双边贸易合作取得了较大成效。疫情期间，中国与中欧沿线各国的铁路企业协商合作，加强贸易路线的建设，强化中欧国家间的合作，巩固国家间的贸易关系，加强了国内市场和国际市场的对接。

第六章　区域经济合作的国际化战略与途径

第一节　区域经济合作的包容性发展

　　包容性发展最早可以溯源到联合国为落实千年发展目标而提出的"包容性"理念，其宗旨是缔造合理的世界经济格局、新秩序，以实现共享式发展。2007年，亚洲开发银行首次提出"包容性增长"的概念，倡导发展中国家经济与社会的全面协调发展和可持续发展。目前我国已明确表示，发展必须遵循经济规律的科学发展，必须遵循自然规律的可持续发展，必须遵循社会规律的包容性发展。包容性发展由此成为中国国内经济社会建设的重要指导，也是中国参与国际区域经济合作的根本理念。

　　作为一种新的理念，包容性发展的产生经历了一个由简到繁、由单一价值取向到全方位价值覆盖、由国内经济发展思路到国际经济合作的重要指导的漫长发展历程。其实这一历程也是人们对发展真谛的探寻、对人类福祉的追求过程，是中国全面融入世界经济舞台的历史写照。简而言之，"包容性发展"更聚焦机会、收入或者福祉在全社会的公正分配，将个体与社会纳入共同视域，实现共同富裕、共同发展，以及社会与经济的同等进步。

一、区域经济合作下包容性发展理念的意蕴

　　作为一种全新的发展理念，包容性发展强调的是一国所有社会成员共享发展

成果，社会与经济的同等进步。然而，在全球化如火如荼的 21 世纪，仅仅聚焦一国之内的包容性发展显然具有一定局限性。当我们把目光转向世界，转向全球各主要区域时，各种不同文明之间的隔阂、各个国家之间的利益不均衡、世界贸易迅猛发展与全球环境急速恶化之间的矛盾等已经突变为亟待解决的众多顽疾。如何构建和谐的世界？如何协调人类与地球的关系？对这些问题的回应需要我们突破一国的樊篱，以包容的理念携手世界各种力量，共克难关。当中国政府在博鳌论坛上正式阐释包容性发展理念，并倡导亚太乃至全球各国彼此尊重与借鉴、同心协力、实现不同文明之间的融合时，包容性发展已然成为中国参与国际区域经济合作的理念指导。包容性发展理念的真实内涵也发生了质的突破，全球视野与区域关照是其所有内涵的出发点。

从字面来看，包容性发展，包含两个关键词：发展和包容。发展是其根本要义，缺乏物质基础的发展必然没有能力企及包容；包容是其重要特性，缺失共享理念的发展必然会重蹈片面追求增长的旧途。包容性发展的辩证逻辑是：发展重在包容，既要考虑环境、资源的约束，又要考虑人与社会的发展；包容是为了发展，就是要将发展的阻力降低到一个最低限度，用稳定、和谐促发展。

尽管包容性发展的基础在一国之内，但是在经济全球化与区域经济一体化并行的今天，包容性发展的实质内容更在国际层面。换言之，在这个时代，包容性发展直接关系国际经济新秩序的建立，以及各国在世界舞台上谋求自身发展的可能。包容性发展是不同国家、民族的公民平等参与、共同发展、共享收益的发展模式。它要求把全球化、地区经济一体化带来的利益和好处惠及所有国家，使经济增长所产生的效益和财富惠及所有人群，特别是惠及弱势群体和欠发达国家。包容性发展要求各国互相尊重，求同存异，携手发展；坚持人类文明成果互学互用，共建共享。包容性发展并不是一种发展模式，而是一种发展理念。

中国坚持包容性发展理念，将本国综合国力的提升与区域伙伴的经济发展有机结合，从而实现共同发展、共享收益。在国际区域经济合作的语境下，中国既重视本国经济的协调与共享发展，更关注全球不同地域个体享有平等经济参与和自我发展的机会和权利。

（一）包容性发展的特征

包容性发展是机会均等的发展，是多文明共存的发展，是和平共赢的发展，是人与自然的和谐发展，具体特征如图6-1所示。

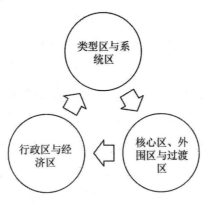

图6-1　包容性发展的特征

1. 包容性发展是机会均等的发展

机会均等是现代社会发展的重要原则。自从启蒙运动以来，机会均等已经成为现代平等原则的基本内容之一。包容性发展是机会均等在发展领域的综合体现。

包容性发展首先强调的是所有社会成员权利公平、机会均等、规则透明、分配合理，最终实现人的全面发展。这种平等意味着，就个人而言，在社会的所有部分，对每个具有相似动机和禀赋的人来说，都应当有大致平等的教育和成就前景。那些具有同样能力和志向的人的期望不应当受到他们社会出身的影响。

在国际领域内，包容性发展意味着所有国家和民族，无论贫富，都拥有平等的发展权利，每个国家都有同等的发展权利。各国都应成为全球发展的参与者、贡献者、受益者，不能一个国家发展、其他国家不发展，不能一部分国家发展、另一部分国家不发展。

自进入21世纪以来，全球经济不平衡现象越来越严重，各种结构性的矛盾越来越突出，其背后的根本原因就在于世界各国发展机会的不公平，只有平等的发展权利才能保证各国发展的起点公平，只有公平的起点才能保证各国获得更加均等的发展机会，才能保证每个国家真正成为全球发展的参与者、贡献者和受益者，正因为如此，中国正在以实际行动践行着机会均等的发展。

2. 包容性发展是多文明共存的发展

包容性发展要求我们应当尊重世界文明的多样性，大力提倡不同文明间的对话和交流。尊重各国发展道路的选择，在竞争中取长补短，在求同存异中共同发展。

文明具有多样性，就如同自然界的物种具有多样性一样。当今世界，有 200 多个国家和地区，2500 多个民族，6000 多种语言。正是这些不同民族、不同肤色、不同历史文化背景的人们共同创造了丰富多彩的世界……不同文明之间的对话、交流、融合汇成了人类文明奔流不息的长河。人类文明发展史表明，多样性是文明最本质也是最重要的属性。由于自然环境、地理位置、社会制度、经济发展基础、人们交往方式的差异性，世界文明的多样性不可避免。这种多样性被描述为人类发展的"童年期的神学时代""青年期的英雄时代""成年期的凡人时代"，或者概括为"诗的时代""散文时代""哲学时代"这一人类文明由低级到高级的发展轨迹。不同的文明有其自身存在的特殊生态环境，有其独特的内容和形式，只能选择适合自己个性的发展道路。

文明的多样性意味着各种文明发展程度的异质性和发展道路的差异性。一国有权选择本国的发展道路，探索本国经济社会发展的实践。任何国家都无权用本国文明代替他国的选择，将本国的发展道路和经验强加于他国。各国都应当互相尊重彼此的历史文明和现实路径，客观认识与评价每个国家在世界文明进程中的地位，客观认识与评价每个国家为当今世界经济社会发展所做出的贡献。

在国际经济交往不断深入的 21 世纪，包容性发展理念要求各国把文明与发展道路的多样性转化为深化合作的活力和动力，把互通有无和交融发展作为全球共同繁荣的有益路径；反对以单一文明为标准来衡量和判断其他国家的实践，允许不同政治体制、经济体制的国家选择符合自身实际的发展路径。

3. 包容性发展是和平共赢的发展

包容性发展要求各国摒弃冷战思维和零和观念，大力倡导互信、互利、平等、协作的新安全观，通过对话和协商化解矛盾；各国寻求建立均衡、普惠、共赢的和谐世界。

和平与发展是当今世界的两大主题。和平是一切发展的基础，发展是和平得以维系与持久的外在保证，只有经济、政治、文化全面发展，和平的理念才能得以传承，"构建以合作共赢为核心的新型国际关系"应成为国际社会共同的选择。和平发展是包容性发展的基本要求。和平发展意味着各国在提升国力和发展水平的过程中，即使面临地区冲突、国家矛盾，也应以友好协商的方式将其解决。和平发展意味着各国在发展的道路上应彼此互相尊重，而非以一种模式、一种道路来否定或代替另一种发展模式。

共赢发展是包容性发展的实质所在。共赢发展意味着世界各国要树立命运共同体意识，真正认清"一荣俱荣、一损俱损"的连带效应，在竞争中合作，在合作中共赢。在追求本国利益时兼顾别国利益，在寻求自身发展时兼顾别国发展。共赢发展意味着在各种文明并存的发展道路上，文明大国应扶持小国，富国要支援穷国，相互帮助，共同把握机遇，共同应对挑战，努力让发展成果惠及世界所有成员。共赢发展意味着每个国家在参与国际经济合作中都应坚持三个包容：包容自己的对手、包容他国的需求、包容时代发展的需求，从而实现与世界的利益共赢、权力共生、责任共担、价值共享。

4. 包容性发展是人与自然的和谐发展

包容性发展以可持续发展为最终目标，提倡人与自然的和谐发展。包容性发展既寻求经济发展和人民生活水平的不断提升，更注重环境与生态的保护；既注重当代社会的发展，更强调代际之间的利益平衡。

包容性发展把维护环境和改善生态作为发展的重要基础。马克思主义发展观认为人类社会的发展是一种自然的历史过程，它必须遵循一定客观规律，而人的主观能动性必须受制于客观规律。人在自然界的最大自由度就是在客观规律允许的范围内根据自己的利益和需要做出最佳选择。尊重自然、师法自然、保护自然理应成为正确认识和处理人类社会系统与自然系统之间关系的重要基础。正是在这样的基础上，发展经济学的新制度主义学派指出发展的目标是人的自由和可持续发展，不能单纯用货币指标衡量。联合国把可持续发展概念解释为社会公平、经济增长和环境保护三大元素之间缺一不可、相辅相成、互相促进的关系。我们不能为了短期的发展利益而抛弃长期的自然环境效应，也不能简单地看当前的环境污染问题，从本质上讲，环境不公平问题是经济利益不公平问题的转化与延伸，要把公平公正承担环境污染的责任义务作为发展的保障。

包容性发展以可持续性的发展模式谋求经济与社会的发展。维护环境和生态并不意味着要放弃发展，而是主张用可持续性的发展方式改变过去外延式的、粗放式的增长模式，走科技创新之路，利用新能源、新材料等减少资源和能源消耗的发展方式来获得持续发展。

以可持续发展为目标的包容性发展要求我们既要对当代的社会群体之间经济利益关系和稀缺经济资源的优化配置加以考量，又要对不同代际之间利用自然资源、共享自然环境的机会均等加以保证，从而促进代际利益平衡、缓解代际利益冲突。这一目标的实现有赖于全球各国共同努力。

（二）包容性发展的核心

包容性发展主张"机会均等的发展、多文明共存的发展、和平共赢的发展、人与自然的和谐发展"，其实质是强调发展既要坚持平等原则，也要坚持差别原则。平等原则和差别原则是正义的两个基本原则。公平即正义，它是人类社会具有永恒价值的基本理念和基本行为准则，也是包容性发展的核心所在。

包容性发展是一种追求公平正义的发展。公平有很多种形式，但基础是机会的平等。近代启蒙思想家指出，人生而平等，所有人都享有同等的权利。然而，现实中，国籍、种族、社会性别和社会群体在客观上造成了人生机会的极大差异。这种差异是极其不公平的，而且其程度令人吃惊，无论是在教育和健康方面，还是在基础设施和其他公共服务方面。

包容性发展的公平和正义还体现在这一理念对人与自然和谐发展的追求，对代际发展机会公平的正式呼吁。任何只考虑当代利益而忽视后代发展机遇的发展实践都是对人类文明的致命打击。不可再生资源的有效利用、生态环境的切实保护、全球气候问题的共同应对，这一切不仅是为了当下的世界，更是面向未来的人类社会。包容性发展理念站在人类发展长河的高岸，以历史的眼光展望可持续性发展的前景，既立足眼前，又远瞻未来，将人类文明的代际传承作为发展的终极目标。这也正是包容性发展的正义性所在。

公平和正义的实现不仅在于坚持平等原则，更在于差别原则。包容性发展呼吁世界各国在政治经济文化交流中互相尊重，实现和平共赢的发展局面。这既是平等原则的体现，也是差别原则的要求。换言之，发展中的平等原则并不是要求所有国家采取同样的行动，实施同样的措施，推行同样的文明，而是通过差别化的发展道路和国际责任获得均等的发展机会。不同的文明有权选择自己的发展道路，不同发展程度的国家应共享人类发展成就；发展中国家和最不发达国家有权获得特殊及差别的待遇，发达国家有责任承担更多的国际义务；落后国家或小国不因实力弱小而受制于他国，听从他国的指令，发达大国也无须将自己的价值观和发展道路强行推销给其他国家。

包容性发展理念倡导不同文明的和平共赢，其实质就是倡导改变现行不完善的规则，通过对发展程度不同的国家采取差异化的国际待遇，让规则变得更加合理。一方面，发达国家要对落后或弱小国家予以能力建设援助，使其能够完善国内政策的制定及实施，从而促进其本国经济增长和社会发展；另一方面，通过全球行动改变外部状况，使发展中国家在全球治理方面获得足够的发言权，促进全球经济和政治竞争环境的公平化，让贫穷国家更有效地参与全球规则的制定过程，并且采取更多行动来协助建立和保持贫穷国家和穷人的禀赋。这样的全球行动和国内行动应当是互补的，它将为我们生活的时代提供人、货物、创意和资本等跨越国界的流动，使国际区域经济合作的步伐越来越大、越来越快。

（三）包容性发展的张力

包容性发展是充满内在张力的发展理念，主体性、原则性、开放性、可持续性是其内在张力的充分体现。

包容性发展首先承认发展中的主体性。发展是全球每个国家的固有权利，也是各国人民平等享有的基本人权。二十世纪七八十年代，发展作为一个人权概念被提出并被不断完善化地阐释，其背景就是广大发展中国家打破旧的国际政治经济秩序，争取政治、经济、社会和文化全面发展的过程。"发展"这一概念天生就包含主体性的特征。包容性发展不仅承认当代社会多文明的并存，而且主张不同发展主体对自身的发展模式、路径、样态有权进行自主选择，并深信这是建立持久和平、共同繁荣的"和谐世界"的哲学基础。

包容性发展具有原则性的内在特质，它是每个国家和民族在推进经济社会全面发展时必须遵循的原则。每个国家和民族应率先在其内部坚持走包容性发展道路，用包容性发展理念作为发展决策的首要依据和判断发展成功与否的重要标准；同时，在国际上积极倡导区域伙伴及世界各国践行包容性发展，以包容的态度对待其他国家和民族的成就，寻求与世界各国、区域伙伴的共同繁荣，并最终实现全人类的包容性发展。包容性发展之所以成为各国发展的原则性要求，是因为发展不仅是权利，也是一种义务和责任。《发展权利宣言》曾经明确指出，各国有义务在确保发展和消除发展障碍方面相互合作。这就要求各国在实现其权利和履行其义务时着眼促进基于主权平等、相互依赖、各国互利与合作的新的国际经济秩序，并激励遵守和实现人权。

包容性发展就是开放性发展，它要求打破既得利益集团的板块，向各种社会力量开放，把各种有利于经济发展、社会进步的力量都吸纳到发展中来。开放是经济发展的生命力所在。一个持续开放的社会才是一个可持续发展的社会。在一国之内的包容性发展意味着所有社会主体都有参与发展的平等机会，所有交易主体都要遵循统一的市场法律规范，所有行动的结果都能获得司法救济的途径，所有人权和基本自由都能充分实现。在国际上的包容性发展意味着各国应按照《联合国宪章》的规定，有义务促进对全体人类人权和基本自由的普遍尊重和遵守，而没有种族、肤色、性别、语言、政治或其他见解、民族本源或社会出身、财产、出生或其他身份等任何区别。

包容性发展更是可持续性的发展。包容性发展不仅强调人与人之间、国家之间、民族之间的公平发展，而且把全球生态问题和全球气候问题的关注纳入视野之中。它坚持发展的代际公平，把经济发展和环境保护、资源有效利用结合起来。然而，在当代，包容性发展强调的是发达国家和发展中国家之间在全球生态环境和气候问题上的共同但有区别的责任。当年发达国家走的大多是一条不包容的发展道路。在其工业化进程中，不仅大量破坏性地开采发展中国家的资源，而且通过工业排放制造了严重的环境污染。近年来，由于全球化进程中的产业转移，发达国家通过国际投资，使其本身经济结构得到提升，环境得以改善；但是，发展中国家却在接受产业转移的同时接受了污染和高消耗。虽然双方都实现了发展，但从全球角度来看，资源消耗和环境污染等问题并没有改善，这种转移式的发展并不具备包容性。

包容性发展要求发达国家尊重发展中国家的发展权，不能因以往的环境问题而剥夺或阻碍发展中国家的发展。发达国家因实力雄厚，应承担维护生态环境和资源的主要责任。同时，发达国家也要勇于承担起帮助发展中国家改善技术、提升保护环境和资源能力的重任。只有发展中国家和发达国家齐心协力，共同关爱环境，共同承担责任，全球经济才会有繁荣的明天，人类共同的地球家园才能得以永续。

综上所述，包容性发展理念是一种全新的发展观，丰富了发展的理论，拓展了发展的内涵，为人类社会提供了发展的新路径。包容性发展真真切切地告诉全世界：21世纪是人人享有发展的世纪，21世纪的发展应当是尊重各国自主、自觉选择的发展，是体现各国实践特色、理论特色、民族特色、时代特色的发展。海纳百川，有容乃大，21世纪的发展应是包容性发展。

二、区域经济合作下包容性发展的内在要求

包容性发展作为一种发展观，把发展经济、改善人们生活水平作为首要的基本任务，也把维护生态和可持续发展作为发展的重要内涵。忽视任何一个方面的发展都是对包容性发展的背离。在践行包容性发展过程中，既要谨防以"增长"代替"发展"，也不能为"共享发展成果"而实行"平均主义"；在全球范围内，则应注重改善治理结构，让更多主体参与国际决策，让发展中国家像发达国家一样拥有发展的决策权，以更加合理的全球性权利与责任机制，保证每个国家都拥有公平公正的发展机遇。

（一）谨防用"增长"代替"发展"

发展一定是以增长为基础的，但是单纯追求经济增长在实践上会倾向高投入、高消耗，会带来或加剧社会分裂、公平缺失、人的异化、生态危机等社会和生态问题。传统意义上的发展聚焦经济增长而忽略其与政治、文化、历史和社会之间的关系，具有极大的片面性和局限性。发展不仅有经济增长，还包括环境、社会、文化等诸多方面的发展。要实现包容性发展，首先要谨防以单纯的经济增

长代替政治经济社会的全面发展，谨防以"增长"代替"发展"需做到以下几个方面：

（1）在思想认识上，摒弃传统旧观念，确立全新的发展观，从战略全局上确认包容性发展不可动摇的指导思想地位。

（2）在理论发展中，构建全新的包容性发展理论体系，从科学的、历史的、客观的、全球的视角来阐释发展的 21 世纪内涵。

（3）在政策制定时，将经济的增长和社会的进步以及人民生活的改善同步规划，追求经济增长与资源环境的协调发展。

（4）在政策践行全过程中不忘初心，以包容性发展理念评估政策落实的每个环节，以责权利统一为保障，将纸上蓝图变成美好现实。

只有彻底改变以往片面追求经济增长、先经济后社会的次序性发展观，把社会与人有机地融入经济发展中，积极展开产业结构调整，开展科技创新以缓解资源、环境与经济增长之间的紧张关系，为经济社会提供精神支持与动力机制，使发展由单纯量的增长转变为质与量的同步提升，形成经济、社会、资源、环境与人的和谐发展，包容性发展才有可能真正得以实现。也只有世界各国坚持以包容性发展理念为指导参与国际经济合作，包容性发展才能真正获得可靠的外部环境，才能从理念变为现实。

（二）为"共享发展成果"而实行"平均主义"

包容性发展理念的一个重要内容就是共享发展成果。在国际领域，它强调要让所有人群共享全球经济发展的利益和好处，要让国际区域经济合作的成果惠及每一名成员。在一国领域内，它强调要让全体社会成员共享发展成果，体验到强烈的获得感和幸福感。

共享发展成果是马克思主义发展观在当代中国的总结和提升，只有坚持共享发展成果，才能真正实现人民的福祉，才能让每名社会成员产生获得感和幸福感。"共享发展成果"强调的是社会公平正义，以机会均等来保障人人参与经济发展，分享经济发展成果。"共享发展成果"主要针对的是利益过度分化，旨在通过市场配置资源的方式，以规范的制度努力消除贫富两极分化。"共享发展成果"承认分配结果的数量差异，绝不以数量的均等来掩盖贡献小者对贡献大者的利益剥夺，也不以牺牲效益和效率的公平与平等掩盖其所导致的共同贫穷。"共享发展成果"正视发展能力的差异和发展水平的阶段性，认为共享具有历史性和阶段性，共享的水平必须与经济社会发展水平相适应，不能成为超越历史和时空的空想社会主义。"共享发展成果"是全方位的成果共享，它并不局限于共享经济发展的物质成果，还包括政治权利、精神文化、社会化保障、生态环境等方面的成果共享。我们只有发动所有社会成员参与经济、文化、社会的建设，才有可能拥有发展的动力，才有可能获得丰硕成果，共建发展是实现"共享发展成果"的根本路径。

当前中国的社会生活在市场化、现代化的过程中被重新构建，物质利益、生活方式、思想观念的多元化格局已经成为不争的事实，个体之间的差异、群体之间的分歧、个人与群体和国家与社会之间的矛盾冲突就不可避免地凸显出来。如何实现一国范围内的共享成果已经成为当代中国发展中最为现实的问题。这一问题的最终答案不在于平均主义，而在于构建实现共享的制度体系，以制度共享保障成果共享。

（三）避免全球治理结构的缺陷阻碍公平发展

包容性发展有利于全球各国人民根本利益和长远利益的发展。它不仅注重经济、文化、社会等物质文明和精神文明的全面发展，也注重自然环境和人类社会的协调发展；它不仅关注发展中国家和最不发达国家的经济文化建设，也关注发达国家综合实力的持续提升；它不仅追求人类共同的繁荣与发展，也追求各种文明的多样性和自觉性。然而，这样美好的包容性发展理念要落到实处，成为各国共同遵循的原则和现实的政策还是存在许多值得警惕的问题，如何避免全球治理结构的缺陷阻碍公平发展即为其中之一。

众所周知，当前全球治理机制面临着重大挑战，许多亟待解决的问题迟迟没有应对方案。新兴经济体仍面临流动性泛滥、经常账户失衡、大宗商品价格波动、气候与环境问题以及参与全球治理五大挑战。综观全球治理现实，这些挑战不仅是新兴经济体所面临的，更是世界各国共同面对的挑战。

综上所述，反映出现有全球治理机制固有的狭隘偏见，这是包容性发展理念无法容忍的。为防止现有治理机制的缺陷阻碍公平发展，我们应当努力让更多发展中国家和新兴经济体的身影出现在国际舞台上，让更多代表发展中国家和新兴经济体的声音回荡在国际政治经济舞台的上空。我们要建立有效机制，既开放发展机会，坚持贸易投资自由化，又实现全球社会和经济协调发展，保证人人能公平地参与全球发展过程并从中受惠。全球治理体制变革离不开理念的引导，我们应当以包容性发展的理念，吸纳人类各种优秀文明成果，积极打造人类命运共同体，实现全球经济社会的"共商共建共享"。

第二节　国际区域经济的一体化转型

区域经济一体化是指地理位置相邻或相近的若干国家未了达到某些相同的经济利益而签订的多边合作条约来共同制定和执行统一的经济政策，以实现市场开放化、统一化，贸易投资自由化的区域经济合作组织。区域间的经济一体化已经成为时代潮流，全球绝大多数国家或多或少的参加了一定量的区域经济一体化组织。如今，无论是在区域经济一体化的发源地欧洲，还是在经济较为落后的亚非拉地区，很难找到一个没有加入任何区域经济一体化组织的国家。我国要想发展，就要融入经济一体化的进程中，我们必须了解经济一体化的形成原因以及未来前景。

一、区域经济空间组织与区域空间一体化

（一）区域经济空间组织

由于资源要素和经济活动主体之间受制于其相互间的空间关系，其运行就必然体现一定的空间特色，因此，任何区域资源要素和经济活动都必然具有特定的空间组织形式。

区域经济空间组织是区域经济的一种重要组织形式，它是指在一定的约束条件下，合理配置并优化区域内或区域之间经济发展各种要素及资源的过程。区域

经济要素在空间上的相互关系主要有两种表现形式：一种是互补性，它是相关区域之间相互依赖的各种供求关系，如商品、技术、人员等，通过这种互补性能更好地协调区域之间的发展；另一种是可达性，它是促进地区之间各种商品、资金、技术等各种要素进行相互流通和传达的保障。

1. 区域经济空间组织的构成

（1）企业的空间组织。从空间角度看，一个企业的建立有两种方式：一是选择合适的区位；二是对于特定地域企业，选择不同的资源要素及其组合方式进行生产或经营。无论何种方式，一个共同的目的都是根据企业的产生或经营特点以及一定的技术关系，把相关的资源要素组织在一起，形成一个适合本区域特点的空间组织结构。

（2）经济部门的空间组织。随着企业间联系的增加和复杂化，具有密切经济和技术联系的企业在空间上组织在一起，形成一个相对完整的生产体系或经营体系，从而生产出系列产品或提供较完备的服务。这就形成了产业和部门的空间组织。这种组织能充分发挥聚集规模效益，为企业带来外部经济性成分。

（3）区域经济系统的空间结构。区域经济系统是区域内所有经济部门相互联系而形成的有机整体。它是各个经济部门的全部企业按照相互间的经济、技术联系和空间关系相结合的产物。由于各个经济部门的企业区位特点各异，且相互间的经济、技术联系复杂，因此，企业间的空间组织更为复杂，既表现为部门内各企业间的组合，又表现为各企业间的联系。具有这种联系的空间结构能够形成区域经济的整体优势，这是任何一个微观经济单位都不具备的。

（4）区际联合中的空间结构。这里指的是区际联合包括一个较为广大的区域内各地区之间的经济联系，也包括各区域之间的经济合作。随着区域分工的日益专门化，区域之间经济的相互依赖性亦越来越大，区域协作日趋重要。只有合理的地域分工与良好的区域协作关系才能充分发挥各区域的经济优势，提高全社会的效率，创造出更多的物质财富。

2. 区域经济空间组织的属性

（1）目的性。区域空间组织是通过经济主体而实现的，具有目的性。不同的区域，区域经济空间组织的具体目的也不相同，并具有明显的阶段性。

（2）协同性。区域经济空间组织中包含了各经济活动主体之间在发展中的竞争和依存关系。各经济主体由于功能不同，分工各异，在它们之间存在经济、技术、管理等方面复杂的联系，构成了区域空间上的联系与依赖。

（3）可控性。尽管区域经济空间组织有其内在规律，但其形成过程都是由人来实现的，只是不同的人群在其中担任的角色不同，起控制作用的主体可以通过调节其中的经济主体来控制区域经济的空间组织。例如，政府可以采取相应的政策措施，引导企业家布局自己的企业，从而形成符合区域发展方向的产业集群等区域经济的空间组织形式。

（4）渐进性。区域经济空间组织的演进是遵循一定轨迹的。在一定时期，人们对区域经济空间组织中涉及的各种问题的认识有限，对相关资源要素、经济活动主体的控制程度有限，区域经济空间组织的目标也是分阶段、渐进实现的。

（5）不完全确定性。尽管区域经济空间组织具有一定可控性，但是，它仍然是多种因素的组合与相互作用的结果。在复杂的相互关系中，究竟会出现什么样的结果，对区域经济发展在哪些时段上有利，或者在哪些方面有利、对哪些主体有利，这些都是难以完全确定的，区域经济空间组织在发展过程中还存在诸多的不确定性。

3. 区域经济空间组织的聚集和分散

通过生产要素在空间上聚集和分散的程度直接反映了区域空间组织作用的结果，聚集和分散不仅相互对立，还可以同时并存，二者的相互关系制约着区域空间的形成与发展，并逐渐形成一套重要机制。

（1）聚集和分散的作用机制

①分散和聚集机制的强度将随着区域空间结构的发展而不断产生变化，主要表现在以下区域空间发展的三个阶段：第一，区域空间结构形成时期，主要以聚集因素为主、分散因素为辅，通过聚集引发区域内部的空间分异；第二，区域空间结构发展时期，分散因素渐渐强大并发挥作用，同时削减了聚集因素所占的比重；第三，区域空间结构成熟期，分散因素开始占据主导地位。随着区域空间的不断发展，分散因素的作用不断加强并起主导作用，聚集因素的作用逐渐减小并

弱于分散因素所起的作用。

②不管是聚集机制，还是分散机制，都存在一定惯性，它们会按照固有的方向持续发展并进行相互转化，只要出现聚集或分散，如果没有人为干预，其结果必然会出现聚集不经济或分散不经济，也只有到这时，聚集或分散才会停止，同时主导地位有可能发生变化，由以一方为主转化为以另一方为主。这时，虽然主导作用发生了变化，也就是聚集或分散在内容、规模或表现方式等方面所起的作用不同，但聚集和分散依然还在，因为它们是相互对立与并存的。

③聚集机制和分散机制的惯性都是在一定限度内发生的，都会因为聚集不经济或分散不经济而得到遏制。原因很简单，分散过度，各区域之间的联系被割断，经济活动得不到外部环境的支撑，各区域间缺乏合理的分工与协作，必然导致生产效率低下，经营效益下降，不能发展，甚至连正常的生产或经营都无法开展。

（2）聚集和分散的表现形式

空间作用的聚集和分聚规律使区域之间、区域经济实体之间在空间上产生分工与协作，从而形成区域经济的空间结构。区域经济的空间分工与协作是聚集与分散作用的最主要结果，是人类经济活动专业化和社会化趋势的空间体现，有其内在的必然性。区域经济的空间分工与协作是相互依存的，主要通过相关区域经济活动主体建立起直接的技术联系、原料与产品的供求关系、资金融通、管理联系等，从而形成比较稳定的空间分工与协作的格局，它的基本形式如下：

①企业间的空间分工与协作。企业利用所具有的条件进行专业化生产，开拓市场，并通过市场与相关企业自发地建立起分工与协作。这种分工与协作主要是在原材料供给、产品加工、生产工艺联系、技术协作、管理等方面进行的。

②部门间的空间分工与协作。由于各种经济部门的经济特性及区位指向不同，各部门通过形成一个完整的生产过程或经营体系，适应市场变化，合理利用资源，形成分工与协作。

③区域间的空间分工与协作。区域之间由于资源赋存和经济发展水平等方面的差异，往往各具优势。为了充分发挥各自的比较优势，各地区之间必须进行分工与协作。

（二）区域空间一体化

产业空间转移将促进区域经济发展的均衡化，同时形成区域空间一体化，这也是产业空间转移的最后结果。我们要以区域分工和协助为基础，不断促进生产要素在各区域的自由流动，尤其要加强相邻位置区域经济的协调发展，促使区域空间一体化这一高级形式产生。

1. 区域空间一体化的理论

区域经济一体化以空间一体化为理论基础，著名美国区域经济学家弗里德曼不仅继承了钱纳里和罗斯托的发展阶段理论，而且结合产业发展和空间演变，提出了区域空间结构和发展阶段理论，该理论认为，全国各区域经济全面一体化是必然发生的，因为区域经济的增长会促使空间子系统的重组和边界发生变化，而这一过程是可以找到规则的。通过这一理论和区域内各相关因素的相互关系，空间一体化过程可以划分为以下四个阶段：

（1）独立的地方中心阶段。均质无序的区域中存有若干缺乏等级结构的独立地方中心。在这一阶段，各独立中心与腹地的关系有些像奴隶主与奴隶的关系，腹地完全受制于中心，并且受到中心的盘剥而没有回报。这是前工业化社会特有的典型空间结构，它相对稳定。每个城市坐落于一个小面积地区的中央，腹地范围小，地区间相互缺乏联系并相互割裂，存在着大量自给自足的经济。增长潜力很快就告枯竭，经济停滞不前。

（2）单一强中心阶段。作为工业化初期的区域空间结构，区域经济只靠一个大的经济中心支撑，中心城市的发展与边缘区的停滞同时存在，开始拥有单个强有力的中心。这一阶段，中心与腹地的关系如同官僚体系中的上下级之间的关系，彼此都离不开对方。中心需要外围完成一定的职能分工，而外围需要仰仗中心获得发展的机会。这种结构是工业化初期典型的表现形式，而且很不稳定。大批量的人才和知识分子以及劳动力开始前往中心（C），而中心以外的地区因为人才和劳动力的流失而导致经济受到打击甚至停滞不前，于是出现了边缘区（P），这种单一强中心阶段仅仅依靠一个大城市的发展作为支撑而忽略边缘地区，由于两极分化严重，有可能带来社会和政治的不稳定，尤其对边缘地区的影响较大。

（3）唯一强中心和边缘次级中心阶段。发展到工业化成熟时期，区域空间结构也发生了变化，区域经济不仅只依靠中心城市作为支撑，而且加入了若干边缘的次级中心城市。中心城市与次级中心城市会像企业一样进行贸易与交流，当碰到问题时，双方共同协商解决，由于是竞争关系，存在领域问题，因此依然不稳定，并且容易出现摩擦。这一阶段不仅开发了战略次中心（SC），缩小了全国边缘区域范围，而且有利于边缘区域的管理，通过利用边缘地区的重要资源，解决了中心城市的膨胀问题，但因为发展的重点依然是大城市，只是附带了边缘地区，所以边缘地区依然不可避免地存在贫困与落后的状况。

（4）区域空间一体化阶段。作为现代社会的区域空间结构，形成相互依存的城市体系，交通发达，边缘地区消失，进入有组织的区域综合体阶段。这一阶段，城市之间的关系就如同朋友关系一样，彼此之间不存在统领问题，也不斤斤计较相互交往中的利益得失。这个时候，逐渐形成城市等级体系，同时，随着交通等基础设施的完善，边缘性慢慢淡出我们的视野，区域体系也被有组织的综合体所取代。

工业化后期或工业化时期的最终目标便是形成有组织的区域综合体，要不断将边缘区的发展纳入邻近城市的经济发展中，相互协调并依托，实现国家一体化、增长潜力最大化，并尽可能缩小区域之间的差异，只有实现这一步，才能说明达到了"有组织的综合体"的最后阶段。

从当前我国区域经济发展的现状来看，我国很多地方的区域结构正在由第三阶段简单的中心—边缘关系过渡到第四阶段的多级结构，投资区域也随之改变，由城市中心转变为具有战略地位的次中心。由于战略地位的改变，导致为争夺利益而封锁地区、争夺原料、拒绝合作等区域经济问题随之出现并频繁发生。这些问题的出现会严重降低整个国家经济系统的运行效率，必须从全局角度统筹考虑，综合解决。

2. 区域空间一体化的表现形式

区域经济空间一体化是一个空间系统演化的概念，也是一个动态的过程，主要有以下表现形式：

（1）空间形态一体化。所谓的空间形态一体化，即组织严密、运转协调的城镇等级体系。在这一体系中，要创造条件让多核心和生产要素高度集中、紧密结合，这就要求除城市与腹地的高度统一、合为一体外，还要加强城市与城市之间在空间上的联系，去除边缘地区，让城市中心与城市次中心协调发展。

（2）市场一体化。在利益的驱使下，加之各区域经济关系并不协调，即使区域内部没有关税等壁垒，各个区域为了利益最大化，往往动用行政力量，阻碍生产要素、原材料和产品的跨区流动，进行市场分割和地方保护主义，从而阻碍区域市场一体化的形成。区域经济一体化的前提是区域市场一体化，应发挥市场特性，保证各种生产要素的自由流通，清除阻碍区域合作的障碍，构建完善的市场体系。这里所说的市场不仅包括产品市场，还包括资本、技术、人才等生产要素市场以及产权、旅游、文化等其他方面的专业市场。

（3）产业一体化。我们将既有分工又有协作的区域产业结构合作体系称为产业一体化。合理优化区域内产业结构，突出优势企业，并以优势企业为主导，带动区域其他企业的发展，提升区域产业整体竞争力。由集聚理论可知，主导产业基本存在一些共性，通过发现其在产品分配或布局上的共性，并根据其特点合理分配在各个区域内，可以避免低效率和重复建设情况的发生，营造良好、高效的企业环境，创建出"1+1>2"的高功能生产系统。

（4）交通通信设施一体化。区域各组成部分的连接体为交通通信等基础设施。要实现区域经济一体化，必然先实现交通通信设施一体化，只有以完善的交通网络为支撑，才能保证区域内商品、要素等的自由流动。加快交通基础设施建设，加强各区域的连接能够促进国民经济的发展，保障区域经济一体化的实现。尤其区域各组成部分要抓住发展机会，如高速公路、快速干道等，以此为契机，加快配套设施建设，完善交通通信设施一体化。

（5）信息一体化。随着信息化社会的到来，信息的传达和获取方式更加简单和完善，从而使信息与社会生活及经济发展更加紧密相关，这也让信息一体化在区域经济一体化中的作用更加明显。但是，信息封锁和信息资源不互通会阻碍信息一体化的发展，在这一过程中，要加强信息互通，资源共享，这样不仅可以降低社会交易的成本，而且可以维护共同市场，提高区域的整体竞争力。

（6）制度一体化。从根本上而言，市场经济就是法治经济，市场主体的行为要在法律和制度的前提下进行，其中也包含政府的行为。只有制定市场统一规划，规范各地政府政策，遵守法律法规的约束，才能更好地促进区域经济一体化的实现。

通过目前中国的实际情况可以发现，区域经济一体化的实现困难重重，交易成本居高不下，最主要的原因是行政壁垒的存在，导致市场被分割，区域经济冲突时有发生，根本原因便是行政主体的政策和制度得不到统一和协调。打破行政界限的束缚，建立共同的管理决策机构，为区域经济一体化提供制度保障势在必行，这也是中国区域制度一体化最核心和最重要的工作。

二、区域经济一体化转型的原因与前景

（一）区域经济一体化转型的原因

第一，生产力高度发展，迫切需要扩大市场。随着世界各国生产力的不断提高，高度的生产力生产出大量产品，如果仅仅依靠国内市场，则很难完全消费掉所有产品，使产品出现积压，市场出现供过于求问题。为了解决好这一问题，就需要扩大外需，而区域经济一体化是每个国家扩大外需的最佳方式。区域经济一体化组织里的各个成员国之间消除了贸易壁垒，商品可以在合作区域内自由流通，扩大了市场规模，甚至资金、技术、生产要素在区域之间也可以高效流通。随着区域经济一体化进程不断深入，各个成员国能够扩大市场，使得生产力相对过剩的问题得到很好的解决，从而获得更高的经济效益。

第二，实现区域团结和平，缓解区域冲突矛盾，实行区域经济一体化能够有效促进地区的和平稳定。一个国家想要发展经济，必须要有一个和平稳定的政治环境。其实成员国之间的经济是荣辱与共的，一个成员国的政治局势动荡，势必会影响这个国家的经济。而一个国家经济崩溃，势必会影响其他国家的经济发展。为了维护自身经济环境的稳定，当遇到政治冲突或经济摩擦时，每个成员国必定会选择和平协商的方式来解决问题。实行区域经济一体化就形成了一种相互依存、相互扶持的经济关系，每个成员国在这样的经济关系下，必定会为了自身的发展谋求政治上的和好，使得合作区域的局势趋于稳定。欧洲曾经经历过多次的冲突摩擦，但是自欧洲的经济合作组织成立以来，欧洲长期处于和平稳定的政

治环境，向世界展示了趋于经济一体化的合作优势。

（二）区域经济一体化的转型前景

第一，区域经济的合作规模将更加庞大。当前世界经济仍然处于下行的压力中，很多国家将本国的货币政策变得更加宽松，也是为了刺激经济应对金融危机。但是单一的宏观经济政策对经济的刺激作用越来越小，区域经济合作将成为各国共同面对危机的重要手段。目前，很多区域经济合作组织非常欢迎其他国家的加入，会实行一些开放性政策对非成员国更加开放。在考虑到成员国利益的前提下，扩大区域经济合作的地域范围，鼓励非成员国加入区域经济的合作中以更加开放友好的态度增强区域经济合作的活力，使得区域经济合作的规模越来越大。一般而言，只要非成员国提出申请，它们就可以加入，从而进一步扩大区域经济合作组织的影响力。

第二，区域经济合作领域将更加丰富。目前，世界贸易更加自由化，不只是商品和货物的贸易，还有技术与服务的贸易。如今的区域经济合作领域已经发展到了服务业、管理水平、生产技术、知识产权、资产投资、环境保护等方面，自由程度越来越高，领域范围越来越大，区域之间的合作逐渐向更广泛、更深层次的合作形势发展。区域经济合作组织通过对内部政策的调整，对现有的经济协议进行补充和修正，对新的经济协定进行制定和编写，可以获得更丰富的合作领域，使区域经济组织更加活跃。

第三，区域经济合作组织将更加复杂。如今很多区域经济合作组织鼓励非成员国的加入，这里的非成员国不仅局限于地理位置上相邻的国家，有时出现了跨洋、跨洲的区域经济合作组织。区域合作组织将更加复杂，例如亚太经合组织是一个涵盖亚洲、大洋洲、北美洲、南美洲的复杂的区域经济组织；金砖国家不仅包含亚洲的中国和印度，还有南美洲的巴西、欧洲的俄罗斯、非洲的南非。现如今，区域经济一体化形成一些较为复杂的组织，经济区域的成员可能与另一个经济区域存在合作互动。

第三节　区域经济合作的国际战略选择

21世纪，国际区域经济合作与全球化一样是历史发展的必然趋势。过去，中国已经或深或浅地参与了一些区域经济合作的实践，未来乃至更长时间，中国社会经济的发展也必将与世界其他国家的发展紧密联系在一起。以包容性发展理念为指导，总结已有经验，探讨未来发展战略；寻找提升区域经济合作效果的途径，提出保障自身利益、谋求各国共赢的策略建议，这些都是当前紧迫的任务。

一、参与国际区域经济合作的战略构想

中国政府已经强烈意识到，区域经济一体化与全球化是当今世界两大重要发展趋势。2015年底，中国颁布了《国务院关于加快实施自由贸易区战略的若干意见》，再次明确加快实施自由贸易区战略是我国新一轮对外开放的重要内容，而《国务院关于加快实施自由贸易区战略的若干意见》第一次提出了较为具体的中国建设FTA的战略，标志着中国FTA战略从纯粹的经济实践上升到战略理论。

但是，这个战略仅对FTA这一种国际区域经济合作形式做出了战略规划，并没有涉及非制度性的其他国际区域经济合作形式，其是不完整的，仍有待提升和完善。为了更好地应对全球区域主义进一步发展所带来的挑战，我们应当构建更加全面的国际区域经济合作战略体系。

（一）以更长周期的国际战略关系为基础制定战略

当前，大国间战略性经济关系已成为引发新时期国际格局演变的"矛盾丛"，全球利益与国家利益的矛盾、经济全球化与区域一体化的矛盾、守成大国与新兴大国的矛盾、发达经济体与新兴经济体的矛盾、国际政治经济新秩序与既有规则之间的矛盾体现、渗透和影响其中。国际关系处于深度调整之中，全球经

济、国际政治和世界科学技术几乎同时进入新周期。中国也在全球经济格局中从低调的学习者、参与者向适度的管理者、领导者转变。我们必须从更长周期的国家战略关系来对中国参与国际区域经济合作的实践进行顶层设计。我们要从全球视野、从历史发展的视角来谋划参与国际区域经济合作的战略。

国际政治关系理论和实践显示，大国间经济关系长期影响国际经济政治格局，并将塑造当代国际关系体系和基本结构，与主要大国经济的关系构成中国发展总体外部环境的基本格局，直接关系中国发展的根本利益。中国可以厘清与世界主要国家之间的战略关系，认真研究各主要国家的国际经济发展战略，从而寻找我国参与国际区域经济合作的战略与主要大国之间的战略对接的可能，以共同利益为纽带，推进区域经济一体化发展。中国在制定参与国际区域经济合作的战略时可以注重与邻国印度的合作，以此作为中国与南亚地区的合作及海上丝绸之路顺利推进的坚实基础。

（二） 实行制度化合作与论坛性合作同步推进战略

正如全球区域经济合作的主流特征一样，近年来，中国参与国际区域经济合作的主要实践也是签订自由贸易协定，成立自由贸易区。与此同时，中国也以非制度性的合作形式（主要是各种论坛或圆桌会议）推进与世界各国的经济贸易交往。这两条不同的路径都对中国与经贸伙伴互通有无、共同繁荣做出了贡献。中国参与国际区域经济合作的战略规划可以同时兼顾两种不同的路径。

1. 制度化合作的路径方面

在制度化合作的路径方面，中国首先需要从战略上确定未来自由贸易协定（FTA）的发展方向或目标。过去，为快速推进 FTA，中国根据 FTA 伙伴的具体情况采取了灵活的合作方式，其基本特征就是"实用主义"的量身定做之法。这一实践做法对于中国跟上国际区域主义发展趋势，获得更多发展机遇产生了非常重要的作用。但其所带来的不足也是比较明显的，如有些 FTA 的贸易自由化水平有限、所涉领域和深度都有待挖掘、规制性特征还需进一步提升等。未来，FTA 发展的战略目标要立足高远，要把高水平 FTA 作为未来建设的重点。为实现这一目标，要加快正在进行的自由贸易区谈判进程，在条件具备的情况下，逐步提升已有自由贸易区的自由化水平。除了中国-东盟自贸区等这些不断升级谈判的 FTA 外，其他现有 FTA 也可以根据国际形势发展的需要进一步拓展。特别是在服务贸易成为全球经济发展新动力之时，要更加注重服务贸易自由化的谈判。另外，要以《国务院关于加快实施自由贸易区战略的若干意见》为指导，积极推动与我国周边大部分国家和地区建立自由贸易区，使我国与自由贸易伙伴的贸易额占我国对外贸易总额的比重达到或超过多数发达国家和新兴经济体水平，并在最终形成包括邻近国家和地区、涵盖"一带一路"沿线国家以及辐射五大洲重要国家的全球自由贸易区网络，使我国大部分对外贸易、双向投资实现自由化和便利化。

2. 论坛性合作的路径方面

在论坛性合作的路径方面，中国的战略谋划可以从以下方面继续加以思考：

（1）积极参加现有国际经济合作论坛，不断扩大中国在国际论坛的影响。充分利用峰会外交、圆桌会议等国际经济交往的重要平台，阐明中国和平崛起的立场，表达中国与世界各国包容性发展的理念，特别是利用中国担任峰会主办者的机会，着重研究中国与世界各国都面临的重大问题以及地区热点议题，提出既代表发展中国家利益，又体现中国诉求的见解和主张，从而提升经济外交的博弈能力，以及中国的国际影响力。

（2）加快建设由中国主导发起或作为主要参与者的各种论坛，以此作为与各国进行沟通交流，并寻找更多、更深的经济合作的机会。例如，通过金砖五国领导人会议强化与新兴经济体在重大国际事务上的沟通，协调在国际经济领域的合作；通过博鳌亚洲论坛构建整个亚洲区域经济合作的重要平台，推动亚洲经济一体化，将博鳌论坛打造成一个讨论亚洲事务的"独特而杰出"的论坛，增进亚洲各国的互信；通过上海合作组织领导人会议机制，将中国与中亚、西亚一些国家的战略合作从早期的安全问题逐渐扩散、深化到贸易与投资等经济领域；通过中国-阿拉伯国家合作论坛，密切中国和阿盟 22 个成员国之间在政治、经济、安全等领域的合作，就共同关心的地区和国际问题等进行沟通、协调行动；将中国-中东欧国家领导人会晤打造成中国与欧洲合作的又一条重要管道。

（3）重视次区域的国际经济合作，中国应积极参与、鼓励和加快发展湄公河、图们江、环日本海、环渤海、环黄海等多个次区域合作。同时，大力推动中德经济技术合作论坛等与单个国家之间进行的双边经济合作与交流，使之成为我国与主要大国间经济合作的重要平台，并创造大国间合作新机制，在机制创造中争得我国话语权和经济利益。

（三） 以轮轴—辐条模式布局全球 FTA 体系

近年来的全球区域经济一体化呈现出一个较为明显的特征：几乎每个 WTO 成员都参加了 FTA，而且很多成员还参加了一个以上的 FTA。不同的 FTA 交叉重叠构成不同类型、不同规模的"轮轴—辐条"（Hub and Spoke）模式。处于中心地位的轮轴国和多个围绕在轮轴国周围的辐条国共同构成了轮轴—辐条体系。轴心国与每个辐条国单独签订双边贸易协定，而辐条国之间无贸易协定。轮轴国产品可以通过贸易协定进入所有辐条国市场，而辐条国之间保留对对方的产品实行最惠国关税壁垒（MF）。国内外学者通过理论分析和实证检验进一步确认轮轴—辐条模式对轮轴国的福利增加有明显作用。中国应设法建立以自身为轮轴国地位的 FTA 体系，从而在国际区域经济合作中实现利益最大化。

1. 立足周边，争取与邻国建立 FTA

中国的 FTA 网络首先应当从周边邻国开始，一来就贸易效应而言，邻国间的 FTA 基于地理区位优势而产生的贸易创造效应最为明显；二来邻国间的 FTA 有着非常现实的政治、经济和文化基础。众所周知，中国的和平崛起、中国梦的实现都需要有和平与稳定的周边环境做保障，只有建立 FTA，形成中国与周边邻国的命运同姝，"以经促政"，使经济资源成为提升中国在周边政治与安全方面影响力的重要保障，我们才能切实获得和平与稳定的外围环境，才能做好国内的工作，发展好经济。中国政府应当从宏观上规划与周边国家的经贸关系发展，与周边国家政府签订贸易协定和投资协定；应当根据周边国家的实际情况，从重视利益的经济激励转向着力构建系统化、制度化和网络化的双边经济关系，从而真正实现中国与周边国家经济深度相互依赖，构建中国与周边邻国之间更加紧密的经济联系。尤其中国要着力加强在南亚地区的 FTA 建设。这对打破印度对该地区的影响、获得中国在印度洋发展的战略机遇意义重大。

2. 跨越洲际，争取在全球布局 FTA

新区域主义时代，FTA 发展最大的特征就是早已跨越了地理局限。越来越多的 FTA 在相距千里的国度之间建立起来。这一方面可以突破市场的局限；另一方面可以扩大文化和经济的国际影响力，实现某些政治上相互支持的需要。中国的 FTA 已经有了类似尝试，我们已经与大洋洲的澳大利亚、新西兰，欧洲的冰岛、瑞士，美洲的哥斯达黎加、智利签订 FTA，初步实现了跨越洲际的发展。无论从国际政治关系发展的战略上讲，还是从获取资源和原材料的经济战略而言，抑或为了转移产能、开辟更多市场的需要，跨越洲际的 FTA 都应当是未来一段时间中国 FTA 重点发展的内容。只有建立面向全球布局的 FTA，我们才能实现"一带一路"倡议，才能以跨地区的经济联系来平衡与周边国家的经济联系。

3. 多元选择，争取南北合作与南南合作并行

近年来，国际区域经济一体化的实践显示，南北合作是一种新趋势，世界银行用新经济增长理论解释了这一现象，同时从区域经济一体化所带来的产业集聚的动力、全要素生产率的增长率等多重视角论证了南北合作优于南南合作。中国可以积极加强同发达国家建立区域经济合作，以此获得技术、资本以及对贸易规则熟练运用的经验。同时，中国也要加强当前与加拿大、澳大利亚、印度尼西亚、南非、沙特阿拉伯等中等经济强国的合作，并以此作为我国处理与主要大国经济外交关系的重要战略"支点"和第二维度补充，使世界更多国家理解和认同中国提出的和谐世界互利共赢主张，提升我国与主要经济大国博弈的能力。

加强与发展中国家的经济合作是中国践行大国责任的重要表现，也是中国立足世界政治舞台的重要基础。当年正是由于众多发展中国家的支持，我们才得以重返联合国；正是由于众多发展中国家的合作，我们才有机会获得更多的自然资源和销售市场。与发展中国家共享发展机遇、共享发展成果，这正是包容性发展理念的基本要求。中国在参与国际区域经济合作时，要重视与发展中国家的南南合作，通过国际工程承包、国际劳务输出、经济援助、免除债务、降低贷款利息、成立合作论坛、建立 FTA 等多种多样的国际经济合作形式，与亚非拉发展中国家携手共进，创造美好生活。

在参与国际区域经济合作时，中国应当坚持多元化选择，既要争取南北合作，也要大力推行南南合作。中国的区域经济合作战略正在从南南型有形战略向南南型与南北型混合式的"有形"战略转变。未来，中国应当强化并加快这一转变进程。

（四）以 FTA 下新议题谈判推动对外开放的创新

当前全球正处于国际贸易规则和投资规则重构的重要时期。世界许多国家的FTA 开始尝试涉足新的领域。既然中国把自由贸易区建设作为发展战略，那么顺应或者超越全球 FTA 发展的潮流就应当是我们的理性选择。首先，我们应当对FTA 新议题和中国对外开放的新形势做出全面研判，确定哪些议题对当前我们"引进来""走出去"有直接影响，对于我们构建开放型新体制有重大影响，从而优先推动此类议题的规则谈判。比如，知识产权保护、环境保护、电子商务、竞争政策、政府采购议题不仅关系我国社会主义市场经济竞争环境的完善，还关系中国创新驱动战略的实施，以及当前新业态发展的新趋势，应当优先对其加以研究。其次，我们要善于把国内改革的新成果与 FTA 谈判相结合。自中国上海自贸区建设以来，中国在外商投资负面清单和准入前国民待遇方面的先行先试已经取得一定经验，可以适当将其运用到 FTA 谈判中。最后，世界经济发展的重要趋势是服务贸易将成为影响一国国际竞争力的重要组成部分，中国可以把服务贸易自由化作为未来 FTA 谈判的重要内容，尤其与欧盟等发达经济体之间的贸易谈判。利用服务贸易市场的开放，将经济联系扣得更紧密些，从而实现"以经促政"的战略目的。

（五）以不断深化改革来配合国际区域经济合作

国际区域经济合作已经成为世界经济发展的潮流。虽然中国参与国际区域经济合作的实践起步较晚，但是发展特别迅速，为中国综合运用国际国内两个市场、两种资源提供了很好的途径。但是，在中国缔结 FTA 过程中，也暴露出我们在体制机制上存在着一些问题和不足，需要引起我们的重视。我们必须通过不断深化国内改革，才能保证对外经济合作健康有序地发展。

当前国内对外开放最大的阻力往往来自特定部门。与商务部主张贸易自由化的立场有所不同，其他参与 FTA 谈判的部委立场更倾向保护主义。在 FTA 谈判中，工业和信息化部往往成为那些在自由化进程中利益受损的企业和行业寻求保护、积极游说的对象，其政策立场较为保守。农业部主要的立场是强调农业资源优势及竞争力方面与签约国之间的差距，被视为国内最顽固的保守主义者。外交部更多是从外交利益和政治利益的角度来评判自由贸易协定。地方政府基于 GDP 和就业等因素考虑，更倾向自由贸易和对外开放。由于各个部门职责不同所导致的立场不同，往往就制约了 FTA 谈判进程。

除此之外，尽快将上海、广东、福建、天津自贸区可复制可推广的经验转变为政策，在全国各地推行。转变政府职能，进一步改革国内的行政审批制度，推广并完善事中事后监管，放宽投资准入制度，提升贸易便利化，改善中国的营商环境也是亟待完成的工作。只有通过不断深化改革，构建全新的市场经济大环境，倡导公开、公平、公正的竞争精神，中国市场才能获得更多外国资本的青睐，中国企业才有更强的活力和竞争力走出去。

二、参与国际区域经济合作的战略建议

当我们在战略上明确了参与国际区域经济合作的方向以后，接着要解决的问题就是如何应对当前面临的各种挑战。目前，当我们把加快建设自由贸易区作为深化对外改革开放的重要内容时，深入探讨中国参与国际区域经济合作的对策和建议就显得极为有意义。

（一）构建话语体系，向世界阐释"和平发展道路"

中国继续深入扩大国际区域经济合作的深度和广度所面临的首要挑战就是如何纠正世界上一些国家对中国的实践所做出的错误解读，如何有效阐释中国的发展是和平崛起，而非武力扩张。回应上述挑战的最好办法就是用中国自己的话语诠释中国的和平发展之道。

长期以来，中国的学术界在面向中国的经验和实证进行研究时隐藏着一种普遍性的思维方式：以中国的经验与事实来验证西方的某个原理、某条教义。这实质是在强化西方秩序原理及其法哲学的支配地位。我们应当摆脱这一现状，尝试

用自己的文化解读和谐秩序原理，向世界解释中国的和平崛起不是威胁，而是共赢。

第一，我们应当逐步培养用中国文化理念诠释和平发展道路的自觉意识。在这一点上，我们可以树立一种文化自信和社会认同。我们既要坚信道路选择的正确性，也要学会发扬传统文化"和谐中道""和而不同"的价值取向与务实选择。当我们对自己的文化传统由衷产生一种民族自豪感和忠诚感时，我们就会从文化传统中获得心理支持，这种心理支持把我们和其他国家紧紧地联系起来。

第二，我们应当构建一个比较科学的中国话语体系，从而阐述中国的发展道路。当代马克思主义理论需要对21世纪的中国实践加以理论阐述，形成完整的中国特色社会主义理论。中国应当构建自己的话语，用新理念、新范畴、新概念去解释中国特色社会主义道路为什么越走越宽阔、越走收获越多。同时，也要让更多中国年轻人了解、接受和自觉运用这个话语体系，向世界证明中国的和平发展道路是一条全新的新兴国家崛起之路，是一种不以称霸为目的的和平发展。这就需要我们协调推进政治话语、学术话语、日常话语三个层级之间的融会贯通，同时更要重点考察政治话语和学术话语之间的双重建构问题。因为后者对中国话语体系的理论性、科学性至关重要。我们既要通过政治话语体系的构建将国家与社会的意识形态、政治文明发展的水平呈现给世人，也要通过学术话语体系的构建以学术研究的成果作为国家软实力提升的智囊保障。

我们要打通这两套话语体系，一方面要求政治话语不断吸收学术话语的创新要素。其实，中国共产党在马克思主义中国化过程中进行的一系列理论创新和话语转换都体现了这一点。如生态文明、统筹兼顾、可持续发展、以人为本、社会主义核心价值体系等都在确认前期有充分的学术讨论。另一方面，要求学术话语将政治实践与政治话语本身也纳入学术研究的领域。这方面要求学术界将研究瞄准国家与社会的重大需求。

第三，我们要学会用中国话语生动讲解和平发展道路的技巧。半个多世纪以来，中国道路的正确性作为一个不争的事实已经呈现在世人面前。中国在经济、政治、文化、科技、军事等各方面取得的成就和拥有的国际地位表明中国已经是一个崛起的大国。尽管综合国力强，则国际话语权强，但是为不必要引发中国"威胁"论之类谬论的泛滥，影响中国的国际形象，我们需要学习用行之有效的、多样化的话语传播，让世人读懂中国的故事，也愿意倾听中国的发展故事。中国尊重所有守成大国的发展成就，也欣赏新兴国家的脱颖而出，更愿意帮助落后的国家早日富强。中国的故事不仅学者讲，更要从上到下让所有国民一起参与。

第四，我们要提升国际传播能力，从而快速、全面、有效地传递中国话语。一方面，我们要学会充分利用各种纸媒、电视媒体、广播媒体、网络媒体、手机媒体等全媒体渠道快速及时地传播中国话语；特别采用多语种网站、网络电台、网络电视台、手机广播电视、App 新闻终端等形式，促进视听互动、资源共享、形态融合、语种集合等对外传播特色的形成。另一方面，我们要以效果为导向来筹谋中国话语的传递。根据传播内容的不同而创作形式各异的动漫、音乐、图片、视频、文章等吸引受众，寻找国际经济合作伙伴国的文化传统中与中国和平发展道路、包容性发展理念相契合的点进行切入，用其他国家听得懂、听得进去的话语讲中国的故事和诉求。

（二）积极为发展中国家谋取公正的发展的机遇

作为发展中大国，我国要想顺利推进区域经济合作、拓展国际经贸领域的交往，还需要与其他发展中国家携手营造一个适宜的国际环境。为发展中国家谋取公正发展的机遇，也就是为中国获得更好的发展空间。

第一，我们要利用一切国际场合呼吁尊重各国发展道路的自主选择。在国际关系中弘扬民主、和睦与相互尊重是和平发展的要义。只有尊重世界各国文明的多样性，对各国发展道路的多样性加以包容，尊重其在经济社会发展实践中的探索，包容性发展才具有现实可能性。也只有把各国文明与发展道路的多样性转化为深化合作的活力与动力，促进国际合作的深入开展，最终，包容性发展理念才能得以实现。

第二，我们应参与多边体制下的国际规则制定，获得公正发展的话语权。巩固和提升与其他新兴经济体的合作，协调立场，积极参与国际规则制定，为发展中国家争取更多的发展权和话语权，推动建立更加公正、合理的全球经济新秩序。

第三，我们可以推动新兴经济体之间的南南合作，扩大对世界政治经济的影响力。首先，在南南合作方面，我们应当继续坚持"万隆精神"，并将其发扬光大。通过能力建设援助，帮助受援国逐步走上自力更生、经济上独立发展的道路，使广大发展中国家尤其最不发达国家逐渐成为国际经济的重要参与者，实现联合国南南合作新倡议。不断扩大与全球发展中国家的贸易往来，深化在这些国家的直接投资与技术合作，从而实现共同繁荣与发展。其次，在不断加强中国同亚非拉及中东地区新兴经济体联系的同时，完善"金砖国家"领导人会晤机制，进一步发挥其在国际金融秩序改革和全球事务中的作用，扩大其对世界政治经济的影响，彰显发展中国家的利益。要加强"金砖国家组织"合作机制建设，既要重视经济领域合作，也要加强政治领域协调，推进各国自身改革，拓展相互合作，不断增强新兴经济体的发展韧性，共同维护发展中国家的长远利益。最后，以"16+1"合作为基础，寻求与发展中国家合作的新突破。所谓"16+1"合作是指中国-中东欧国家领导人会晤，它同中欧合作大局同步并举，致力实现中国、中东欧国家和欧盟三方共赢，走出了一条跨越不同地域、不同制度的国家间务实合作新模式。"16+1合作"由小到大、由浅入深，涉及经贸、投资、基础设施、金融、旅游、教育、农业、人文和地方合作等诸多领域，并且日益丰富和成熟，惠及广大成员国及其民众。未来，中国可以此为借鉴，推动中国与世界其他地区的国家之间开展灵活、多样、务实、深入的合作。

第四，我们应重视与主要国际经济组织的沟通，加强发展中国家与发达国家之间的理解与互信。一方面，积极参与对传统主要国际组织现行不合理制度的改革，争取发展中国家更多的表决权。如在国际货币基金组织改革的讨论中，中国就可以团结新兴经济体、发展中国家以及最不发达国家，同时要兼顾到国际经济组织以份额为基础的特征，寻找到利益平衡点。另一方面，要密切与主要国际组织的交流，尤其面对面的交流，促进中国与国际组织之间的互相了解，从而在重大国际事务上进行协调。今后，中国可以经常举办此类高层级的圆桌对话和交流，把中国的声音传递到世界，在重大国际事务上与国际组织有所协调的同时体现大国的担当。

第五，我们应倡导通过对话而不是对抗来解决国家间的矛盾。在国际经济合作中兼顾双方利益，对合作中可能出现的具体问题建立好事前的预警机制和事后的争端解决机制，避免将经济问题转变为政治问题是我们亟须解决的问题，通过对话而不是对抗来解决国家间的矛盾。我们要与各国携手应对各种挑战。包容性发展需要通过全球治理的改善来实现，其核心是共同应对与解决人类社会面临的问题，尤其关系整个人类生存的问题。各国只有在全球治理中进行合作，寻找自身发展需要和人类社会共同利益之间的结合点，才能实现包容性发展。我们应坚持在气候变化与环境问题、贫困与发展问题、金融危机等问题的全球治理过程中与世界各国相互交流、相互协助、共同努力、积极应对，共同推进全球化和区域经济一体化进程。

（三）区域贸易安排力求实现均衡利益与强化规制

区域贸易安排在未来很长一段时间内都将是中国参与并推进国际经贸合作的主要形式，以公平合理的区域贸易协定谋求包容性发展是我们必然的选择。未来，中国在参与国际区域经济合作时，应着力构建权利与义务均衡的区域贸易安排体系，兼顾共同利益，谋求共同发展。只有共赢、互利的区域贸易安排才会具有更强的生命力。

同时，完善区域贸易协定的制度设计以实现和谐发展。以"规则导向"为原则完善区域贸易协定文本的设计，将会使区域贸易协定成为调整我国与伙伴国经贸关系的有效行为规范，通过法律约束保障和谐发展是我们与区域经济伙伴保持持续、稳定、深入关系的切实途径。对一些已经签订的 FTA，在其升级版谈判中要特别注意规则的具体化和约束性。如中国与新西兰的 FTA 升级谈判，双方仅简要重申了尊重各自在多边机制下做出的有关环境保护的承诺和义务，新增其他约束性条款，同时补充规定相关争端解决机制，使其更具约束力，也体现出中国顺应国际上注重环境问题的发展潮流。在环境问题上，中国可以借鉴美欧的经验，在签署双边或区域自由贸易协定之前与之后，开展详细的环境评估，提高中国对环境问题的管控能力。

此外，中国应在区域贸易安排中注重推进规则合作。加强与自由贸易伙伴就各自监管体系的信息交换，加快推进在技术性贸易壁垒、卫生与植物卫生措施、具体行业部门监管标准和资格等方面的互认，促进在监管体系、程序、方法和标准方面适度融合，降低贸易成本，提高贸易效率。同时，提升贸易便利化水平，加强与自由贸易伙伴海关的协调与合作，推进实现"经认证经营者"互认，提升通关便利化水平。

第四节　区域经济合作的国际化路径实践

在多边道路与区域主义并行的时代，中国一方面珍惜世界各国在多边贸易体制中取得的成就，坚定维护多边体制在全球经济运行中的重要地位；另一方面，积极参与国际区域经济合作，通过区域成员之间在贸易投资领域的通力协作，从而推进地区经济的繁荣。在历史不算长的区域合作实践中，中国努力探索适合自身的国际区域经济合作之路，谋求与经贸伙伴的共同成长，共享发展成果。

一、参与国际区域经济合作的非制度化路径

改革开放 40 多年以来，中国对外经济合作大致经历了探索期、调整期、融入期和引领期四个重要的发展阶段。今天，中国的经济合作伙伴已经遍及世界每个角落。这一漫长的历程既是中国经济融入世界经济的过程，也是世界经济与中国经济交互影响共同发展的过程。中国将与世界各国所开展的各种形式、内涵与深度的区域经济合作视为自己当仁不让的责任，并为此付出了真诚的努力。

参与国际区域经济合作的非制度化路径如图 6-2 所示。

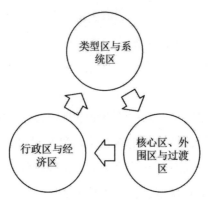

图 6-2　经济合作的非制度化路径

（一）参与国际区域经济合作的传统形式

中国参与国际区域经济合作的形式多种多样，渠道也在不断增加。对外援助、劳务输出和国际工程等传统形式是中国早期进行国际区域经济合作的主要途径。

中华人民共和国成立之初，中国通过对外无偿进行经济技术援助开启了对外经济合作之门，这一时期的对外援助主要是向受援国提供贷款或无偿援助，援外成套项目建设是实施的主要方式。长期的对外成套项目援助建设为中国公司承揽海外工程提供了条件并打下了坚实基础。1978 年 11 月，当国务院批准外经部和国家建委共同上报的《关于拟开展对外承包建筑工程的报告》后，拉开了对外承包工程和劳务合作的序幕。中国政府鼓励企业通过承担援外项目走出国门，并进一步开展有利于当地发展的投资、贸易、工程承包、劳务合作等商业活动。在继续对外提供援助的同时，中国开始运用多种方式吸收利用外资，开展对外承包工程与劳务合作，举办海外合营企业或独资企业，与联合国发展系统及其他国际组织开展多边合作，接受国际经济技术援助。这些形式互相影响，互为补充，中国的对外经济合作开始由单纯对外提供援助向"有进有出、有给有取"多种形式的互利合作方向迅速发展，2001 年，"走出去"成为中国对外经济合作的重要战略之一。这标志着中国将全面参与国际经济合作，即参与生产要素与资源在全球新一轮的重新配置，逐步形成通过资本运动配置要素与资源的新局面。

如今，中国对外经济合作已经从早期单一形式、单一方向的经济活动发展为多种形式并存，国内国际两个市场、两种资源互相连动的新局面。通过国际经济合作，中国已经成长为全球第二大经济体、第一大货物贸易国、外汇储备最多的国家。

（二）参与国际区域经济合作的论坛模式

中国加入世界贸易组织之后，参与国际区域经济合作的步伐越来越快。有学者曾将近年来中国参与国际区域经济合作的实践分为四类：具有实质性的组织或机制（中国-东盟自由贸易区等），具有一定机制的区域合作组织（"10+3"上海合作组织东北亚区域合作等），具有论坛性质的区域合作机制（亚太经济合作组织、亚欧会议等），次区域合作机制（澜沧江-湄公河次区域合作等）。这一分类可以简化为制度化路径和非制度化路劲，前者以区域经济一体化协定及 FTA 为主；后者以各种区域经济合作性质的论坛为主，我国组织和参与的论坛性合作组织已经成为中国区域经济合作体系的重要支柱之一。

中国加入亚太经合组织（APEC）是中国参加的第一个区域经济合作组织，也是迄今为止亚太地区最重要的区域经济合作组织。APEC 是开放性的经济合作论坛与平台，不同于世界的其他政府间组织，其决议并没有强制约束力，而是通过全体共识达成并由成员自愿执行。APEC 以保持经济的增长和发展、促进成员间经济的相互依存、加强开放的多边贸易体制、减少区域贸易和投资壁垒、维护本地区人民的共同利益为宗旨。

亚欧首脑会议作为亚欧之间最大的政府间合作论坛，也是中国积极参与的区域经济合作论坛。现在亚欧首脑会议拥有 53 个成员，每两年在亚欧之间交替举办。中国在政治对话、经贸合作以及社会文化等主要领域都积极主持和参与了一系列活动，中国也特别重视与中亚、南亚国家的经济合作，中国在"上海五国"的基础上倡导建立了上海合作组织。上海合作组织是迄今唯一在我国境内成立，以我国城市命名，总部设在我国的区域组织，现有成员 8 个，观察员国家 4 个，对话伙伴国家 6 个。尽管上海合作组织的合作集中在安全、经济及人文领域，但是经济方面也成为近年来发展的内容。我国积极参与了基础设施建设、贸易投资便利、财经、交通、能源、通信、农业等领域的合作，并且取得了显著成果。

中非合作论坛是我国为促进南南合作，巩固和深化与非洲国家友好关系而建立的重要对话机制。根据部分非洲国家的建议，我国于 2000 年 10 月主持召开了"中非合作论坛——北京 2000 年部长级会议"，论坛正式成立。在论坛机制建设以及一系列后续行动中，我国在提供发展援助、人力资源开发、医疗卫生、金融、旅游、文化、科技和环保等领域发挥了重要作用。与中非合作论坛类似，中国-阿拉伯国家合作论坛和中国-加勒比经贸合作论坛也是中国积极推进的南南合作对话机制。近年来，在我国的推动下，中国与阿盟 22 个成员国之间的对话与合作进展顺利。根据行动计划，中国与阿盟国家将在贸易投资促进、基础设施建设、海关、质检、银行、能源、环境保护、林业、农业、旅游、人力资源开发等领域进一步深化合作。中国-加勒比经贸合作论坛以经济合作发展为主题，从 2005 年至今，在贸易、投资、农渔业、旅游、运输、金融、人力资源开发合作等方面取得了初步成果。

中国积极参与并大力推行区域经济合作论坛，使中国与经济贸易伙伴之间的联系更加密切，为中国近年来的经济高速增长提供了坚实后盾。中国提出了"一带一路"倡议，并积极利用现有双多边合作机制，推动"一带一路"建设，促进区域合作蓬勃发展。通过"丝绸之路经济带"和"21 世纪海上丝绸之路"，以政策沟通、设施联通、贸易畅通、资金融通、民心相通为主要内容，加强与沿线国家的交通对接、产业合作、金融合作、国际贸易等方面的国际合作，使中国在地区发展中的影响力得以全面提升，中国正成为国际区域经济合作舞台上的重要一员。

二、参与国际区域经济合作的制度化路径

国际区域经济合作的制度化路径主要是签订区域贸易协定，即 RTA。GATT/WTO 的相关法律条款都认可关税同盟（customs union）、自由贸易区（FTA）以及任何向前述两者过渡的安排都是符合条件的 RTA。在全球通报的 RTA 中绝大多数是 FTA。中国作为 RTA 制度化领域较为年轻的践行者，从一开始就把建设 FTA 作为推进国际区域经济合作的制度化道路，并且在短暂的时间内形成了一个以自己为中心的区域贸易安排网络。这些新近涌现的中国 FTA 从一开始就显现出与区域协定的两大传统模板（美国式的和欧盟式）截然不同的特征，成为区域协定的第三种类型，它们是对中国早期的区域谈判以及紧随其后更多协定的概括。这种与美国、欧盟迥异的 FTA 道路被国外学者称之为"中国模式"。

（一）FTA 中国模式的战略构建

中国于 1991 年加入亚太经合组织（APEC）开始试水区域主义。2001 年后，中国正式开始了大规模的区域贸易安排实践。直至 2020 年，中国已分别与东盟、亚太贸易协定成员方、智利、新西兰、新加坡、巴基斯坦、秘鲁、哥斯达黎加、韩国、冰岛、瑞士、澳大利亚等签署了自由贸易区协定，涉及多个国家和地区。

FTA 不仅是中国参与国际区域经济合作的制度化道路，更是中国新一轮改革开放的重要内容和国家战略。自由贸易区建设已经不仅是中国参与国际区域

经济合作的重要内容了，其更重要的意义在于，这是中国政府旨在构建开放型经济新体制，以对外开放的主动赢得经济发展的主动、赢得国际竞争的主动的政策宣告。

中国政府发布《国务院关于加快实施自由贸易区战略的若干意见》，将"一带一路战略"和"建立面向全球的高标准自由贸易区网络"有机结合，为未来中国的自由贸易区建设提出总体要求和发展方向，明确了自由贸易区建设的近期目标和中长期目标。

中国自由贸易区战略正方兴未艾。自中国确立 FTA 战略以来，中国密集地与众多国家签署了 FTA，其速度之快引人注目。借助这些快速推进的 FTA，中国形成了一个以自己为中心的区域贸易安排网络。这个网络中既有发展中国家，也有发达国家；既有地处亚洲的中国近邻，更有远在南半球和北欧的遥远国度；既有单个国家，还有东盟等贸易集团；既有独立主权国家，还有主权国家内的单独关税区（中国香港、中国澳门特别行政区）。它们成为中国与区域伙伴进行经贸合作的重要基础。

（二）FTA 中国模式的典型特征

"中国模式"的区域经济一体化路径可以用四个字高度概括，即实用主义。具体而言，就是根据 FTA 伙伴的特点、FTA 谈判前潜在的伙伴国与中国的关系、中国的战略等因素专门设计自由贸易协定的条款，"定制"双边商业性的 FTA，这种实用主义在美国和欧盟的 FTA 中极少出现。在中国的 FTA 中，其表现也各有侧重。我们可以从下列方面不断体会实用主义的内涵所在：

1. 内容与结构的多样化包容 FTA 伙伴客观差异

区域贸易协定的谈判和签署是一项浩大的工程，它既涉及棘手的经济问题，又受到复杂的政治现实牵扯，还得关注谈判进程的速度，以早日实现相关协定的预期利益。为提高 FTA 谈判效率，美国、欧盟这两个区域经济合作的主要推动者和参与者在长期的实践中分别形成了自己的 FTA 模式。

中国所签订或正在谈判的 FTA 并没有统一模板，所有 FTA 在涵盖范围、内容、形式和结构上呈现出多样性，它们似乎是为每个 FTA 伙伴量身定做的。就所涉及的领域而言，有的协定集中关注双边货物贸易、跨境投资及金融活动等；而有的协定在很大程度上则是对更广泛领域的一般象征性声明，如中国与东盟、澳大利亚、新西兰、智利、新加坡之间的协定，就具体内容而言，针对特定的FTA伙伴做出特别的规定，如中国-东盟FTA中菲律宾是唯一不参加早期收获计划的成员国，因为菲律宾认为他们的农业部门不能承受自由化的结果；而在与澳大利亚和新西兰的FTA中，专门列出了双方具有"重要的相互的经济潜力"的具体领域以促进战略合作。就双边义务而言，有的主要表现为中国单方面的义务，如中国大陆地区与港澳地区签署的CEPA；有的则是全面的相互给予优惠待遇的高质量的协定，如中国-新西兰FTA。

就制度化建设而言，中国FTA针对不同的伙伴选择了不同的道路，以争端解决程序为例，CEPA中就没有规定一个明确的可执行的机制，是典型的政治磋商模式，但是中国-新西兰和中国-新加坡协定中设定了非常清楚的程序，是一种更具法律性的模式。

中国FTA的多样性反映出承认伙伴之间存在差异的实用主义，也说明中国传统的贸易利益与它在更广泛的经济、外交和战略方面的联系正在被建立。这是一种用"定制的方式"来务实经营一系列双边关系的表现。通过这种方式，传统的经济和贸易协定已经被深深融入更广泛的双边关系中，而不局限于精确的狭隘的法律问题。

2. 理性选择潜在伙伴，有效推进FTA的发展

尽管中国政府至今还有公开宣布官方的FTA选择标准，但是在建立区域贸易安排时，中国政府总是综合国际、国内各方面因素，包括经济的和政治的必要性，从而做出最终的决定。中国从比较容易的贸易伙伴开始谈判，慢慢扩展到比较难的目标国，从比较容易的领域开始，慢慢深入更广的范围。同时，中国也有意识地选择发达的、有经验的、具有包容性的伙伴国，如新西兰、智利等。因为在很多学者看来，这些国家在整个亚太地区是特别稳定的国家，被称为投资的天堂。它们的经济与中国相辅相成；同时，它们也是开放的、自由的、相对较小因而也是没有威胁的市场。尽管中国跟它们签订FTA的特定动机会有所不同，但上述理由无疑是中国很快就与其进行FTA谈判的原因所在。

3. FTA 内容在整体上具有传统性和灵活性

现阶段，中国的 FTA 集中关注传统意义上的 WTO 货物贸易和服务贸易领域的内容。其他非 WTO 领域，如特定部门的安排、可能的税收协调、创新的争端解决、类似欧美的金融领域深度一体化、环境和非贸易事项等很少成为中国现阶段 FTA 的中心议题。这样的设计安排似乎反映了中国当前的国际经济结构，以及对 WTO 法律义务的遵循。但是，中国的贸易模式和其他经济体在交易时产生的利益肯定会发生变化。现有的这些 FTA 并没有对未来这些方面做出展望，在这一点上可能较少地反映了中国的利益。

在具体规则设置上，中国 FTA 也会因为伙伴国不同而做出一些差异性规定。例如，对要求严格的贸易救济规则，中国 FTA 采取了更加灵活的方式加以处理。此外，规则设计的灵活性还表现在一些概念的创新上，如服务贸易原产地的界定。在中国所有的 FTA 中，只有 CEPA 中涉及了服务贸易的原产地规则问题。CEPA 创新地界定了一种新的服务实体，即"香港服务提供者"，从而使双边服务贸易承诺表所产生的利益仅适用于这些实体。

三、区域经济合作的国际化案例分析

下面以黑龙江地区与俄罗斯的合作为例，具体探讨区域经济合作的国际化。

（一）黑龙江省对俄罗斯经贸合作转型升级

中蒙俄经济走廊战略的实施为黑龙江省对俄罗斯经贸合作转型升级创造了良好机遇。但黑龙江省在与俄罗斯经贸合作稳步发展中也存在着些许问题，面对新形势，黑龙江省政府和企业应进一步优化进出口商品结构，加强基础设施领域的合作，扩大对俄罗斯服务贸易，加强人文交流，从而推动黑龙江省对俄罗斯贸易与经济的持续发展。

1. 优化对俄罗斯进出口商品结构

多年来，在与俄罗斯的贸易交流中，黑龙江省以出口较低附加值的劳动密集型物品为主，包括农副产品、纺织品以及服装鞋类等，一些资源性产品例如高技术含量产品、机电产品的进口比例并不大，商品结构趋于单一化。针对黑龙江省，要进一步加大高新技术产品及效益和附加值较高产品的出口比例，进而优化配置对俄罗斯进出口贸易商品。一是加强市场调研，对俄罗斯市场进行调查研讨，特别是人们的需求情况和消费层次，注重品牌的打造，让产品迎合广大消费者的要求，注重营销策略。二是要调控农产品种植与加工的协作关系。适合农作物生长的黑土地是黑龙江省特有的，黑龙江省利用种植农作物、生产与加工农产品得天独厚的优势，孕育了一些农业大企业，黑龙江省也可以依靠这些特质，加强与俄罗斯企业的协作，大量出口农产品，从而推动绿色、生态农业的发展进程，使农产品的附加值进一步提升。三是加大力度扶持高新技术产业。在经济实力方面，虽然俄罗斯不如美国、日本，但在诸如太空技术、核能以及航空这些具有战略性的技术上却名列前茅，黑龙江省应积极与俄罗斯进行技术协作，加大高新技术产品的出口，这样才能适配进出口商品比例，从而提升产业结构，俄罗斯贸易才能可持续发展。

2. 加强基础设施领域的合作

中蒙俄经济走廊的实施不仅使交通建设达到基本互联互通的效果，还可以作为转变和提升黑龙江省对俄罗斯经贸结构的切入点。黑龙江省在基本设施方面应与俄罗斯加强协作，可以通过共同出资，加速建设跨境桥梁、口岸、道路等交通基本建设，形成水、陆、空三大运输体系，从而改善黑龙江与俄罗斯经贸合作范围。在这些基础设施建设之后，还应进一步提升支撑系统如口岸海关的监管、检疫检验、货物监管、跨境收付、物流、退税等的配套能力，加大电子报关以及电子审批等政务系统的建设力度，同时口岸的公共卫生防疫系统也要相应完善，这样有利于双方执法的互助以及信息的交换，从而提升口岸过货及通行的能力。

3. 推动对俄服务贸易快速发展

黑龙江省的服务行业在全省 GDP 中比重已赶超工业，因此黑龙江省第三产业贸易的综合发展能力通过不断与俄罗斯的服务贸易，得到了进一步提升。黑龙江省还应大力倡导与俄罗斯在旅游方面的协作，利用地理优势，共同研发旅游产品，促进旅游资源的开发，强化建设签证通道和异地办证渠道，进一步提高对俄罗斯旅游的服务水平，使其起到连接中俄旅游的桥梁作用。继续保持对俄罗斯服务贸易不仅涉及工程承包以及运输旅游等传统贸易，也要增加一些智力技术密集并且具有较高附加值的现代贸易，比如计算机与信息服务、文化创意、金融保险、咨询以及现代物流等服务贸易。

4. 加强对俄文化交流与合作

黑龙江省与俄罗斯可以通过文化交流增进了解，在经贸合作过程中，将文化差异带来的矛盾降到最低。一是加大与俄罗斯的教育协作力度。黑龙江省可以采用与俄罗斯著名大学以及科研院所等多元的协作方式，例如省内的高校可以在国际贸易和俄语等专业与俄罗斯联合办学，合作完成重大项目科研研究，从而使黑龙江省的科研与教育水平不断提升。二是在文学与艺术层面加强交流协作。例如，可以通过中俄文学年、文化年、电影年、哈夏会等交流契机，进一步拓展影视文学作品、文艺文化表演等层面的协作联系，这也利于黑龙江省文化艺术水平以及群众文化修养的提高。三是文化与旅游的交融发展。把握与俄罗斯文化交流的机会，引导并向外界推崇黑龙江文化，从而强化中国文化在海外中心的影响力。为了进一步拓展黑龙江省旅游项目，也可以把旅游产品同文化交流结合起来。

现阶段，中俄关系处于较好状态，"一带一路"倡议得以顺利推行，俄罗斯远东地区也正在被政府开发利用，在全面推进中蒙俄经济走廊战略上，黑龙江省也正在加大建设陆海丝绸之路的经济体系，这无疑为黑龙江省的对俄罗斯经贸合作提供了优势。与此同时，政府与企业也应注重进出口商品的结构配置，加大对俄投资力度，充分利用人文交流、科技协作的方式，进一步挖掘服务业、高新制造业、农业以及能源领域的协作关系，以保证黑龙江省对俄经贸的持续性发展。

（二）黑龙江省对俄能源合作优势及对策

黑龙江省作为对俄经贸合作的桥头堡，应在中俄能源合作中发挥更大作用。

1. 黑龙江省对俄能源合作的优势

首先，地理位置得天独厚。黑龙江是边境开放的第一大省，在中国的东北部。在国际地理位置上，作为东北亚区域经济的中心地位，黑龙江省是我国出席东北亚经济协作的排头兵。黑龙江省东部和北部分别与俄罗斯隔着乌苏里江和黑龙江，两国水陆边界线达 3045 公里。满洲里口岸作为我国最大的内陆口岸，与位列第三的绥芬河口岸依次与俄罗斯的后贝加尔铁路与远东铁路完成接轨。两地有四大干流：黑龙江、松花江、嫩江、乌苏里江，三大支流：呼兰河、第二松花江、额尔古纳河，以及两湖：镜泊湖、兴凯湖等作为通航河流，连通着俄罗斯的远东地区以及我国东北部的 9 市 55 县（旗）。俄罗斯能源主要集中在远东地区及西伯利亚地区，这些地方距离黑龙江省很近，黑龙江省与俄能源协作有着得天独厚的优势。

其次，政府间合作频繁。近几年，随着中俄政治互信力的加深，在一些大型国际问题上交换各自意见并协作频繁，与此同时，根据世界经济态势的新特点及两国国内发展情况，各自发挥着较强的互补作用，通过这些优势可以提升经贸合作质量，调整合作结构。中俄两国合作空间巨大、前景广阔、潜力无限，最终能源合作是关键。两国良好的政治经济势态为黑龙江省加入中俄能源协作提供了优渥的条件。

最后，经济发展的需求旺盛。《东北地区振兴规划》将东北地区列为优先发展能源的工业城市，这也是我国关于振兴东北老工业基地的战略，同时黑龙江省关于"十大工程"和"八大经济区"的发展规划终将增长能源消耗的幅度，但是黑龙江省的石油、煤炭等早已进入枯竭阶段，这无疑扩大了能源供应的缺口。面对如此局面，对俄能源协作的加强不仅是黑龙江省顺应振兴东北的战略，也是突破自我发展的需求。

2. 黑龙江省对俄能源合作的对策

（1）在科技信息层面加大与俄交流。俄罗斯政策存在一些多变因素，其不确定性是众所周知的，为了使中俄能源协作稳定，需要在信息上互通有无。可以在黑龙江省设立中俄信息交流中心，以此来收集和管理俄罗斯的科技贸易和政策法规信息。两国的合作情况以及科技贸易相关信息可以通过网络进行公布，这样也为两国的企业以及个人创造了信息交流的机会。

（2）在政府层面注重协作和沟通。为了进一步增强两国间的了解，黑龙江省政府应通过建立政府方面的能源协作机制，促进与俄罗斯东部地区政府的联系与沟通。利用派政府及企业高管出去学习的方式，或者通过政府官员互相访问的机会增进友谊。根据黑龙江省的经济发展蓝图，相关部门可以制订对俄能源合作的可持续发展战略计划，这对中俄能源发展起着至关重要的作用。此外，我国的黑龙江、吉林、辽宁可以三省联合，整合相关资源，引导综合实力强大的企业协作挖掘俄罗斯能源领域。在这个过程中，政府应加大资金扶持，创建与俄能源合作的相关基金，多渠道集中社会资金，全力支持对俄能源合作的重大项目。

（3）在能源投资领域进行合作。近几年，虽然黑龙江省对俄投资的投资额在不断增长，但是也存在一些问题，比如企业投资金额较低、投资规模尚小、大型投资项目不多，进行投资的企业多为中小型，缺乏大型企业与集团的参与。黑龙江省相关企业需充分与国内实力强大的企业、集团进行协作，或采取股权收购、合作、合资、独资等多元化方式寻求合作契机，引导具有战略性的投资商参与到俄罗斯能源的开发中来。黑龙江省政府也应注重能源协作开发，积极倡导国有大型企业到俄建造能源基地。此外要重视跟踪进行中的境外合作项目，为其提供诸如经营权服务、矿产勘探以及开发等方面的服务。

（4）进一步加强新能源领域的合作。新能源包括太阳能、海洋能、地热能、生物质能、核聚变能以及风能等，它是除传统能源以外的其他能源，这样的能源都是正在进行积极研究或刚被利用开发还未广泛推行的能源。目前，世界石油油价日益上涨，能源也在枯竭，气候变暖愈演愈烈，全球国家都在争夺新能源。虽然俄罗斯坐拥富裕的不可再生能源，但是却存在严重的浪费现象，俄罗斯政府也因此采取积极措施，不断完善相关法律规范，以此使可再生能源长效发展。中俄已在新能源的合作方面渐入佳境，黑龙江省也应以此为契机，加强与俄罗斯新能源领域的合作与开发。

（5）注重培养对俄经贸人才。大量熟悉俄罗斯文化的经贸人才的培养有利于对俄贸易的进一步发展。黑龙江省应引导本省院校设立对俄贸易领域的课程，重点培养对俄经贸人才。黑龙江省的科研院所或大学应同俄方开展相关科研层次的交流，充分运用自身优势协同开发高端的科技项目。近年来，中俄两国增加了互相派出访问学者或留学生的人员数，企业也在为对外经贸人士创造到俄学习的机遇，以便更长远地发展与俄经贸合作关系。

（6）增强中俄文化交流程度。黑龙江省与俄罗斯两地的文化交流有着悠久的历史。近几年，中俄之间的联系也通过文化的交流而硕果累累。黑龙江省可以通过地理优势和历史渊源，进一步拓展与俄文化方面的交流范围，内容要有所创新，形式可以多种多样，不仅要借助艺术节、书画展、文化周、文化一条街的方式引入俄罗斯文化，而且要将中华文明传播到俄罗斯，通过积极输出汉语文化、参加世界文化交流等活动，使俄罗斯民众能够客观深入地吸纳中国民族文化和黑龙江省地区文化。

结束语

进入 21 世纪，全球性的区域经济与合作呈现出前所未有的大发展，这在促进区域内各国或地区优势互补、经济共同发展的同时，也进一步推进了全球化进程和规避经济全球化的风险。目前，世界上大多数国家已加入一个或多个区域经济一体化组织，而且区域经济合作仍有扩大和深化的趋势，使得全球经济联系不断向纵深发展。本书在区域经济协调发展的大背景下，在归纳总结区域经济一体化的类型、特征、模式与理论的基础上，分析了区域经济协调发展的动因及经济效应，并探讨了新时期中国区域经济合作的战略与进展。

参 考 文 献

［1］茶洪旺，李健美．区域经济管理概论［M］．北京：中国人民大学出版社，2006.

［2］仇发华，陈露，吴迪．新形势下我国区域经济合作的动力及趋势［J］．宏观经济管理，2021（2）：46-50+58.

［3］邓文博，宋宇．区域合作促进经济增长效应评估［J］．华东经济管理，2020，34（8）：64-75.

［4］刁秀华．新时期中俄区域经济合作的新进展与新亮点［J］．财经问题研究，2021（1）：123-129.

［5］丁烨，陶城，王强．中国展览业与区域经济协调发展的时空演进研究［J］．江苏商论，2021（1）：13-20.

［6］段新，戴胜利，廖凯诚．区域科技创新、经济发展与生态环境的协调发展研究：基于省级面板数据的实证分析［J］．科技管理研究，2020，40（1）：89-100.

［7］高志刚，克魁．中国省际区域经济差距演进及协调发展［J］．区域经济评论，2020（2）：24-36.

［8］郝寿义，安虎森．区域经济学［M］．北京：经济科学出版社，2015.

［9］胡必亮，冯芮栋．"一带一路"倡议下的国际区域经济合作机制建设：以中国——乌兹别克斯坦合作为例［J］．广西师范大学学报（哲学社会科学版），2020，56（5）：128-146.

［10］胡荣涛．新时代背景下构建区域经济协调发展新机制论析［J］．改革与战略，2019，35（2）：23-36.

[11] 胡伟，于畅. 区域协调发展战略背景下中国边境经济合作区发展研究 [J]. 区域经济评论，2020（2）：44-55.

[12] 胡毅翔. 国际区域经济一体化的原因、发展及未来前景 [J]. 现代商业，2020（08）：68-69.

[13] 黄茂钦. 区域协调发展的经济法治新维度：定位重塑与体系演进 [J]. 北方法学，2020，14（6）：17-24.

[14] 蒋永穆，周宇晗，鲜阳红. 国内区域经济合作演进 70 年：历史进程、演进动力与基本经验 [J]. 福建师范大学学报（哲学社会科学版），2019（5）：27-34.

[15] 李猛，黄振宇. 促进区域协调发展的"飞地经济"：发展模式和未来走向 [J]. 天津社会科学，2020，4（4）：97-102.

[16] 李香菊，王雄飞. 促进"一带一路"区域经济合作与发展的国际税收协调研究 [J]. 经济经纬，2017，34（3）：135-140.

[17] 李晓琴. 我国经济城乡与区域协调发展研究 [J]. 农业经济，2019（4）：37-38.

[18] 刘光辉. "一带一路"发展下中国和新加坡区域经济合作新格局 [J]. 对外经贸实务，2019（7）：38-41.

[19] 刘伟清. 以金融协调发展助推区域经济增长的实践研究 [J]. 中国商论，2021（1）：135-136.

[20] 孟庆红，张伟. 区域经济合作研究 [M]. 成都：西南交通大学出版社，2003.

[21] 邱丽洪，闫玄. 对外直接投资视阈下"一带一路"沿线国家人才区域合作研究 [J]. 山东农业工程学院学报，2020，37（01）：42-46.

[22] 任艳. 区域协调发展与现代产业体系构建的政治经济学阐释 [J]. 经济纵横，2020（6）：11-17.

[23] 申彩婷. 新时代区域经济、资源、环境协调发展分析及预测：以西北少数民族地区为例 [J]. 商业经济研究，2020（15）：150-153.

[24] 石淑华. 区域经济发展：新理念、新战略、新格局 [J]. 江苏社会科学，

2017（5）：84-90.

[25] 宋冉，生蕾. "十四五"时期金融促进区域经济协调发展的路径研究 [J].
区域经济评论，2020（3）：125-131.

[26] 孙久文，张翱. 论区域协调发展视角下"行政区经济"的演变 [J]. 区域
经济评论，2020（6）：25-29.

[27] 孙久文. 区域经济学（第4版） [M]. 北京：首都经济贸易大学出版
社，2017.

[28] 唐德才，张瑛，李智江. 长江经济带区域合作机制研究 [J]. 现代管理科
学，2019（4）：67-69.

[29] 王海峰. 乡村振兴背景下农村区域经济的协调发展研究 [J]. 农业经济，
2018（10）：6-8.

[30] 王俊. 包容性发展与中国参与国际区域经济合作的战略走向 [M]. 苏州：
苏州大学出版社，2016.

[31] 王一雯，于丹，张振山. 中俄经济竞争力的互补性与经济合作 [J]. 经济
师，2016（09）：91+93.

[32] 武英涛，刘艳苹. 习近平新时代区域经济协调发展思想研究 [J]. 上海经
济研究，2019（6）：29-37.

[33] 肖燕飞. 加快"一带一路"与区域经济的协调发展 [J]. 开放导报，2019
（1）：50-52.

[34] 于丹，李静，李明扬. 黑龙江省参与中蒙俄经济走廊建设的对策研究
[J]. 商业经济，2018（03）：24-25+182.

[35] 于丹，王莉，王美俄. 黑龙江省对俄能源合作问题及对策研究 [J]. 特区
经济，2013（01）：133-134.

[36] 于丹，王一雯，徐永智. 新形势下黑龙江省对俄经贸合作转型升级研究
[J]. 中国商论，2016（31）：60-61.

[37] 于丹. 提升煤炭资源型城市生态竞争力的对策研究：以鸡西市为例 [J].
北方经贸，2019（04）：11-13.

[38] 臧天宇. 区域经济协调发展的目标、内容及政策调控 [J]. 商业经济研

究, 2016 (11): 203-205.

[39] 张凤超, 黎欣. 产业集聚、城市人口规模与区域经济协调发展: 基于我国 12 个城市群的比较研究 [J]. 华南师范大学学报 (社会科学版), 2021 (2): 156-166.

[40] 张婧. 区域协调发展在经济法视阈下的重构探究 [J]. 经济问题, 2018 (5): 99-104.

[41] 张可云. 新时代的中国区域经济新常态与区域协调发展 [J]. 国家行政学院学报, 2018 (3): 102-108.